集装箱二维码技术及应用

李继春 周受钦 刘建平 刘志平 著

人民交通出版社股份有限公司
北　京

内 容 提 要

本书基于二维码技术的发展现状，研究集装箱二维码的发展需求、应用方案、标准化和典型案例，并针对集装箱二维码发展提出合理的政策建议。

本书可供港口、物流等领域的研究人员、管理人员、技术人员参考。

图书在版编目（CIP）数据

集装箱二维码技术及应用/李继春等著. —北京：人民交通出版社股份有限公司，2022.12
ISBN 978-7-114-17595-4

Ⅰ.①集… Ⅱ.①李… Ⅲ.①二维—条形码—应用—集装箱运输 Ⅳ.①U169

中国版本图书馆 CIP 数据核字（2021）第 178741 号

Jizhuangxiang Erweima Jishu ji Yingyong

书　　名：	集装箱二维码技术及应用
著 作 者：	李继春　周受钦　刘建平　刘志平
责任编辑：	朱明周
责任校对：	赵媛媛
责任印制：	刘高彤
出版发行：	人民交通出版社股份有限公司
地　　址：	（100011）北京市朝阳区安定门外外馆斜街 3 号
网　　址：	http://www.ccpcl.com.cn
销售电话：	（010）59757973
总 经 销：	人民交通出版社股份有限公司发行部
经　　销：	各地新华书店
印　　刷：	北京建宏印刷有限公司
开　　本：	720×960　1/16
印　　张：	8.5
字　　数：	132 千
版　　次：	2022 年 12 月　第 1 版
印　　次：	2022 年 12 月　第 1 次印刷
书　　号：	ISBN 978-7-114-17595-4
定　　价：	99.00 元

（有印刷、装订质量问题的图书，由本公司负责调换）

前　　言

近年来,随着社会经济的迅速发展、对外贸易的不断扩大、进出口商品结构的变化以及集装箱运输技术的成熟和应用,我国集装箱运输量呈现持续快速增长的态势,2019年港口集装箱吞吐量达到2.6亿标准箱,继续稳居世界领先地位。集装箱运输作业流程中存在大量的信息采集、传递、录入、审核和验证等信息处理工作。目前国内集装箱码头虽部分采用了电子标签技术,但仍然离不开纸面单证和人工录入等传统手段。随着集装箱业务的飞速发展,传统信息处理方法耗费时间且容易出错,已经难以充分满足集装箱运输的效率和安全需求,滞后的集装箱信息化建设成为制约集装箱运输高质量发展的关键瓶颈。

随着移动互联网的发展和智能手机的普及,二维码技术已经广泛应用于信息获取、上网链接、电子凭证、产品追溯等多个领域。作为最重要的自动识别技术之一,二维码技术可以很好地弥补电子标签技术在集装箱运输应用中的不足,其信息储存量大、识别效率高、应用成本低、适用范围广、容错能力强等优势,为二维码技术在集装箱行业的普及提供了发展契机。

本书基于二维码技术的发展现状,研究集装箱二维码的发展需求、应用方案、标准化和典型案例,并针对集装箱二维码发展提出合理的政策建议。

李继春

2021年6月

目　　录

第1章　二维码概述 ·· 1
1.1　二维码简介 ··· 1
1.2　二维码标准概况 ·· 9
1.3　二维码应用现状 ··· 12
1.4　二维码发展趋势 ··· 13

第2章　二维码生成技术 ·· 16
2.1　编码 ··· 16
2.2　纠错码 ·· 24
2.3　符号表示方式 ·· 30
2.4　加密技术 ··· 40

第3章　二维码识读技术 ·· 44
3.1　二维码识读 ·· 44
3.2　二维码图像采集 ··· 45
3.3　二维码数字图像处理 ··· 49

第4章　二维码印制技术 ·· 60
4.1　二维码印制 ·· 60
4.2　二维码印制设备 ··· 62
4.3　二维码印制设备的选择 ·· 66

第5章　二维码质量检测技术 ·· 69
5.1　图像处理关键技术 ·· 74
5.2　防伪技术 ··· 79
5.3　二维码视觉优化的理论基础 ·· 82

第6章　集装箱二维码应用方案 ··· 86
6.1　集装箱二维码发展需求 ·· 86

  6.2 集装箱二维码箱管系统建设 …………………………………… 90
  6.3 集装箱二维码生成机制 ………………………………………… 91
  6.4 集装箱二维码作业流程 ………………………………………… 93
  6.5 集装箱二维码大数据分析 ……………………………………… 94

第 7 章 集装箱二维码标准化 …………………………………………… 95
  7.1 集装箱二维码规格尺寸 ………………………………………… 95
  7.2 集装箱二维码理化性能要求 …………………………………… 96
  7.3 集装箱二维码数据格式 ………………………………………… 97
  7.4 集装箱二维码安装作业要求 …………………………………… 99

第 8 章 集装箱二维码典型应用案例 ………………………………… 102
  8.1 成品箱管理 ……………………………………………………… 102
  8.2 集装箱全供应链管理标识识别与数据交互 …………………… 104
  8.3 "一带一路"集装箱定位追踪与管理 …………………………… 107
  8.4 国际多式联运集装箱跨境物流 ………………………………… 108
  8.5 铁路集装箱货代服务和物流 …………………………………… 109
  8.6 危化品集装箱运输供应链管理 ………………………………… 112
  8.7 集装箱全过程追溯与档案数据管理 …………………………… 114
  8.8 集装箱资产保险服务 …………………………………………… 115
  8.9 集装箱物流企业资产管理 ……………………………………… 116
  8.10 集装箱维修管理 ……………………………………………… 118
  8.11 港口、堆场、码头集装箱作业 ……………………………… 119
  8.12 集装箱二维码铅封及智能识别系统 ………………………… 122
  8.13 集装箱的制造运维 …………………………………………… 124
  8.14 集装箱二维码的铁路应用 …………………………………… 126

第 9 章 对集装箱二维码发展的政策建议 …………………………… 128

第1章 二维码概述

1.1 二维码简介

二维码(2-dimensional bar code)又称二维条码,是用某种特定的几何图形按一定规律在平面(二维方向)上分布、黑白相间、记录数据符号信息的图形。二维码在代码编制上巧妙地利用构成计算机内部逻辑基础的"0""1"比特流的概念,使用若干个与二进制相对应的几何形体来表示文字数值信息,通过图像输入设备或光电扫描设备自动识读以实现信息自动处理。它具有条码技术的一些共性:每种码制有其特定的字符集;每个字符占有一定的宽度;具有一定的校验功能等。

二维码按原理可分为行排式二维码和矩阵式二维码,常用的码制包括PDF417、Data Matrix、Maxi Code、Quick Response Code(简称 QR 码)等。其中 QR 码是 1994 年日本 DW 公司研制的一种矩阵式二维码,是最早可以对汉字进行编码的二维码,也是目前国内应用最广泛的二维码。

1.1.1 二维码的发展过程

条码技术自 20 世纪 70 年代起被广泛应用,是在信息技术基础上发展起来的一门集编码、印刷、识别、数据采集与处理于一体的综合性技术。条码技术主要研究如何用条码表示信息,以及如何将条码所表示的信息转换为计算机可识别的字符。条码技术的核心内容是利用光电扫描或图像采集设备识读条码符号,从而实现机器自动识别,并快速准确地将信息录入计算机进行数据处理,以达到自动化管理之目的。条码技术是目前应用最广的一种自动识别技术。二维码以一维条码为基础,并解决了一维条码的不足,产生于 20 世纪 80 年代末。二维码具有信息密度大、纠错能力强、可表示多种信息、可加密、成本低等特性，是一种十分适合在我国应用的自动识别与数据采集技术。

1.1.1.1　一维条码

随着计算机性能的日臻完善，超高速计算机和互联网技术突飞猛进，信息传输越来越快，信息系统的数据录入成为"瓶颈"。条码自动识别技术在这样的背景下应运而生，它是以计算机技术、光电技术和通信技术的发展为基础的综合性技术，是实现信息数据识别、输入自动化的重要技术。目前，条码技术已经渗透到了交通运输、邮电通信、物资管理、仓储、医疗卫生、安全检查、餐饮旅游、票证管理、工程等领域。

二战后，美国将其在二战期间高效的后勤保障系统的管理方式引入流通领域，把商流、物流、信息流集为一体，并采用条码自动识别技术，改变了物资管理、物资配送、售货和结算的方式，为大流通、大市场的建立奠定了基础。20世纪70年代，国际物品编码协会（GSI）成立，其建立和维护的EAN.UCC系统在全球范围内得到了全面推广，特别是与标准化的编码技术结合，极大地促进了条码技术的应用，形成商品流通领域全球化、系统化、标准化应用系统。EAN.UCC系统的应用覆盖了物流单元、资产、服务关系、供应链参与方等各个方面，其标准化的条形码表示，实现了供应链参与方信息交换与信息共享的自动化，是全球流通领域开放的国际化标准。

1.1.1.2　二维码

一维条码只在单一方向上承载信息，信息容量有限，仅能对物品进行标识，无法实现对物品的描述，其应用不得不依赖于数据库的存在，在没有数据库和不便联网的地方，其使用受到了较大的限制。

为解决一维条码无法突破的一系列问题，二维码产生了。二维码能够在两个方向同时表达信息，编码容量有了显著的提高。以汉信码为例，相同面积下，其承载的信息量是一般商品条形码承载信息量的84倍。二维码具有信息容量大、密度高，可以表示包括中文、英文、数字在内的多种文字、声音、图像信息等特点。二维码引入纠错机制，具有修复错误的能力，从而大大提高了可靠性。二维码降低了对于网络和数据库的依赖,凭借图案本身就可以起到数据通信的作用。二维码是"便携式纸面数据库"。

20世纪80年代中期,出现了行排式二维码。行排式二维码信息识别方法非常简单,它只是把一维条码自上而下地堆叠在一起,可以用传统的条形码识读器来识读。当时具有代表性的原始行排式二维码是Code 49、Code 16K等。Code 49是David Allais于1987年在Intermec公司开发的。1989年,Ted Williams开发了Code 16K。

条形码的冗余量由条形码的高度决定,条形码越高,条形码的冗余量也越大,也就是说,用传统的条形码识读器识读条形码时,容许的识读偏差角度越大,识读越方便。冗余量的另外一个作用是当条形码有局部损坏时能保证正确识读。但条形码的冗余量越大,条形码占有的有效面积也越大。由于行排式二维码所包含的一维条码的数量相对比较多,这个问题在行排式二维码中更加突显。要增加行排式二维码的信息密度,必须缩小行排式二维码的面积,也就意味着必须减小行排式二维码中的一维条码的高度,但这会导致用传统的条形码识读器进行识读更加困难。这是当时行排式二维码的发展遇到的最大的障碍。

1990年,美国Symbol Technologies Inc的王寅军提出了提高行排式二维码信息密度的新方法,即缝合算法(Stitch Algorithm)。缝合算法是一种局部扫描的机制,它不像其他早期的行排式二维码那样在层与层之间必须存在分隔符,相邻层的区分靠不同的符号字符簇来实现,所以可以有效提高行排式二维码的信息密度。在缝合算法的基础上,王寅军开发了一种新型的行排式二维码,命名为PDF417码。Symbol Technologies Inc为PDF417码开发了一系列专用激光识读器。由于缝合算法大幅度增加了行排式二维码的信息密度,可以把比较大的文本文件(如林肯的盖提斯堡演讲)存入条码中,所以Symbol Technologies Inc称他们的二维码为"袖珍数据文件"。PDF417码与配套的激光识读器组合,大大促进了行排式二维码的应用。2000年3月,Symbol Technologies Inc获得了美国科技进步最高奖项——国家科技进步励章,以奖励Symbol Technologies Inc多年来在条码及信息技术方面所做出的卓越贡献。

几乎同时,另一种类型的二维码——矩阵码(Data Matrix码)也发展起来。矩阵码提高条码信息密度的原理和方法与行排式二维码完全不同。行排式二维码的编码原理与条形码一样,是对条码黑白相间的条空(Bar and Space)宽度进行调制;而矩阵码是对条码形整个编码区域内的点阵进行编码,所以矩阵码有比行排式二维码高得多的信息密度。行排式二维码只是在形式上像二维码,而本质上完全属于一维条码,所以有人称行排式二维码为"一维半条码",矩阵码才是真正的二维码。

Data Matrix 码是最早的二维码,于1988年5月由Data Matrix公司的Dennis Priddy和Robert S. Cymbalski发明。早期的Data Matrix码版本有ECC-000、ECC-050、ECC-080、ECC-100、ECC-140,是极少数把卷积算法用于纠错的二维码,那时它属于非公开码。1995年5月,Jason Le对Data Matrix码进行了改进,把Reed-Solomon纠错算法用于Data Matrix码,称为ECC-200。

Reed-Solomon纠错算法比卷积算法有更强的抗突发性错误的能力。1995年10月,国际自动识别制造商协会接受Data Matrix码为国际标准,Data Matrix码成为公开的二维码。1996年,美国机器人视觉系统公司(RVSI)收购了Data Matrix公司,现在Data Matrix码的所有知识产权都归RVSI的子公司CI Matrix所有。

Code 1码是最早作为国际标准公开的二维码,它是由Ted Williams在1992年发明的。

Maxicode码原先又称UPS Code,它是一种UPS(United Parcel Service)为邮件系统设计的专用二维码。矩阵码通常由正方形的小点阵组成,而Maxicode码是由小的六角形组成。它的外形是边长1英寸❶的正方形,中间有3个同心圆。UPS最早用快速傅立叶变换(FFT)方法识读Maxicode码。因为FFT方法算法复杂,运算时间比较长,所以在1996年Symbol Technologies Inc用模糊算法对Maxicode码进行图像处理。由于Maxicode码的识读非常困难,所以很少有人使用Maxicode,甚至是开发它的UPS。UPS在邮包上同时打印Maxicode码及若干条一维条码,UPS真正使用的是那些一维条码而不是Maxicode码。

QR码是日本Denso公司于1994年9月研制的一种矩阵码,是最早可以

---

❶ 1英寸=2.54cm。

对汉字进行编码的条码。但它的汉字编码功能很弱,只能编码基本字库中的6768个汉字。

虽然后来又出现了各种类型的二维码,但在国际上使用最广泛的还是最早发明的 Data Matrix 码,它的主要应用领域是信息量比较大且要求所占面积比较小的半导体行业、医药行业等。

各类二维码的发明主要集中在20世纪80年代中期到90年代初,之后一段时间,受二维码编码效率、图像处理以及识读器性能较差、价格昂贵的制约,二维码的应用发展速度缓慢。

我国是一个发展中国家,研究开发适合中国国情的二维码,并开发价格低廉的识读器,对推动我国二维码技术应用与产业发展具有非常重要的现实意义。

2003年初,边隆祥为上海龙贝信息科技有限公司开发了龙贝码,打破了只有美国、日本等少数几个科技发达国家拥有二维码技术的局面。

2005年末,中国物品编码中心承担的国家"十五"重大科技专项——"二维条码新码制开发与关键技术标准研究"取得突破性成果。在中国物品编码中心的组织下,科研院所与企业共同参与,经过刻苦攻关,研究开发出我国拥有完全自主知识产权的新型二维码——汉信码。汉信码具有抗畸变、抗污损能力强,信息容量大等特点,达到了国际先进水平。在汉字表示方面,支持《信息技术中文编码字符集》(GB 18030—2005)大字符集,汉字表示效率高,达到了国际领先水平。汉信码的成功研制有利于打破国外公司在二维码生成与识读核心技术上的商业垄断,降低我国二维码技术的应用成本,推进二维码技术在我国的应用进程。

1.1.2 二维码的特点

二维码是一种较为经济、实用的自动识别技术,具有输入速度快、可靠性高、采集信息量大、灵活实用、自由度大、设备结构简单、成本低等优点。二维码除具备一维条码的优点外,还具有信息容量更大、可靠性更高、可表示汉字及图像等多种信息、保密防伪性能强等优点。其主要特性如下:

1) 信息容量大

二维码的主要特征是二维码符号在水平和垂直方向均表示数据信息。

正是由于这一特征，使得其信息容量要比一维条码大得多。一般，一个一维条码大约可容纳 20 字符，而二维码动辄可容纳上千个字符，例如，每个 PDF417 码符号最多可以表示 1850 个字符。此外，PDF417 码还提供字节压缩模式，可以表示多达 1108 个字节的用户自定义信息，这为二维码表示汉字、图像等信息提供了方便。

2）密度高

目前，应用比较成熟的一维条码，因信息密度较低，仅作为一种标识数据，要想知道产品的有关信息，必须通过识读条码而进入数据库，这就要求必须事先建立以条码所表示的代码为索引字段的数据库。

二维码利用垂直方向的尺寸来提高条码的信息密度，见图 1-1。通常情况下，其密度是一维条码的几十到几百倍，就可以把产品信息全部存储在一个二维码中。要查看产品信息，只要用识读设备扫描二维码即可，不需要事先建立数据库，真正实现了用条码描述"物品"。

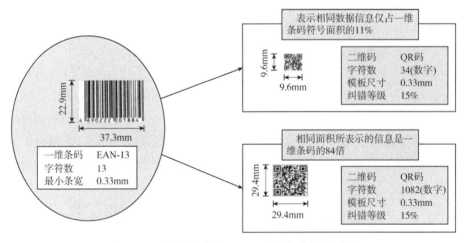

图 1-1 QR 码与一维条码 EAN-13 信息表示密度的比较

3）具有纠错功能

二维码可以表示数以千计字节的数据。通常情况下，其所表示的信息不可能与条码符号一同印刷出来。如果没有纠错功能，当二维码的某部分损坏时，该条码就变得毫无意义。二维码引入纠错机制，使得二维码在因穿孔、污损等引起局部损坏时，依然可以正确识读，见图 1-2。

a)污损

b)局部损坏　　c)穿孔

图 1-2　二维码的纠错机制

4）可表示各种多媒体信息以及多种文字信息

多数一维条码所能表示的字符集不过是 10 个数字、26 个英文字母及一些特殊字符。字符集最大的 Code 128 码,所能表示的字符个数也不过是 128 个 ASCII❶字符。因此,用一维条码表示中文、日文等是不可能的。大多数二维码都具有字节表示模式,可将语言文字或图像信息转换成字节流,然后将字节流用二维码表示,从而实现用二维码表示图像及多种语言文字信息,见图 1-3。

图 1-3　用二维码表示人像照片

---

❶　ASCII:American Standard Cote for Information Interchange,美国信息交换标准代码。

5）可引入加密机制

加密机制的引入是二维码的又一优点。比如：用二维码表示照片时，可以先用一定的加密算法加密图像信息，然后用二维码表示，在识别二维码时，加以一定的解密算法，就可以恢复所表示的照片，这样可以防止各种证件、卡片等被伪造，见图1-4。

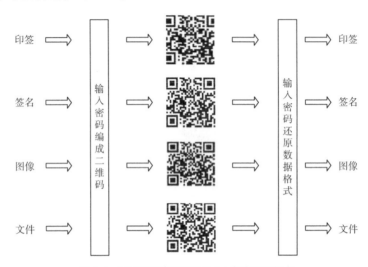

图1-4　在二维码符号表示中引入数字加密技术

6）译码可靠性高

二维码的译码可靠性高于传统的一维条码。例如，普通条码的译码错误率约为百万分之二，而二维码的误码率则不超过千万分之一，译码可靠性极高。

总之，二维码技术的上述优势特别适合工商管理、金融税务、物流、贵重物品防伪、海关管理等众多领域的信息化需求。在货物运输方面，由于二维码可以描述物品，解决了货物保险索赔、海关虚假报关的难题；在金融领域，在支票、汇票上使用二维码，银行可以设置自己的密码，防止假支票、汇票；在工商管理领域，在营业执照上使用二维码，可有效地防止假执照，大大简化年审验照手续，有利于公共数据的传输和采集；在名贵字画、珠宝上使用二维码，可直接存储图像，起到有效的防伪作用。因此，二维码技术的应用将极大地推动多个行业、领域的信息化水平，提高管理效率，社会经济效益显著。

1.2 二维码标准概况

1.2.1 国际标准

二维码技术国际标准由国际标准化组织(ISO)与国际电工委员会(IEC)成立的第1联合委员会(JTC1)的第31分委员会,即自动识别与数据采集技术分委员会(ISO/IEC/JTC1/SC31)负责组织制定。目前已完成PDF417、QR Code、Maxi Code、Data Matrix 等二维码码制标准的制定,另有 Aztec Code 等码制标准正在研究制定过程中;在系统一致性标准方面,已完成《二维码符号印制质量的检验》(ISO/IEC 15415)、《二维码识读器测试规范》(ISO/IEC 15426-2)的制定。

二维码的应用标准制定由国际标准化组织相关应用领域的标准化委员会负责组织,如包装标签二维码应用标准由国际标准化组织包装标准化技术委员会(TC122)负责制定。国际自动识别制造商协会(AIM)、美国标准化协会(ANSI)已完成了 PDF417、QR Code、Code 49、Code 16K、Code One 等码制的符号标准制定。

1.2.2 国内标准

中国物品编码中心于2003年3月制定完成了二维码标准体系,给出了我国二维码标准体系的总体框架,作为规划、计划我国二维码技术与应用标准的基础和依据,并随着我国二维码技术的广泛应用和发展对其不断进行更新和充实。

二维码标准体系采用树状结构,共分2层,层与层之间是包含与被包含的关系。第一层包括了当前二维码技术领域的所有标准,分为二维码基础标准、二维码码制标准、二维码系统一致性标准、二维码应用标准四个部分。第二层由第一层扩展而成,共分若干方面,每个方面又分成标准系列或个性标准,第一部分包括二维码术语和二维码符号标准两个方面。其中二维码符号标准又分为行排式二维码、矩阵式二维码和复合码三部分。第二部分包括符号印制质量和设备两个方面,其中设备标准又分为生成设备、识读设备和检测设备三类。第三部分为二维码在各个具体行业中应用的标准。二维码标准体系结构图见图1-5。二维码标准体系明细表见表1-1。

图1-5 二维码标准体系结构图

二维码标准体系明细表　　　　表1-1

代号	序号	标准名称	标准代号和编号	采用的或相应的国际、国外标准号
101		基础标准		
211		二维条码术语标准		
102		码制标准		

第 1 章　二维码概述

续上表

代号	序号	标 准 名 称	标准代号和编号	采用的或相应的国际、国外标准号
221		行排式二维条码		
	1	四一七条码	GB/T 17172—1997	ISO/IEC
	2	其他行排式二维条码		
222		矩阵式二维条码		
	1	快速响应矩阵码(QR Code)	GB/T 18284—2000	ISO/IEC 18004
	2	汉信码(Chinese Sensible Code)		
	3	其他矩阵式二维条码		
223		复合码		
	1	EAN/UCC 复合码		
	2	其他复合码		
231		符号印制质量		
	1	二维条码印制质量检验		ISO/IEC 15415
232		符号设备		
232.1		生成设备		
	1	二维条码生成软件标准		
	2	二维条码打印机标准		
232.2		识读设备		
	1	二维条码扫描器及译码器性能测试		ISO/IEC 15423-2
232.3		检测设备		
	1	二维条码检测仪一致性规范		ISO/IEC 15426-2
104		应用标准		
	1	物流领域二维条码应用标准		
	2	制造业领域二维条码应用标准		
	3	证照领域二维条码标准		
	4	汽车行业二维条码标准		
	5	其他行业或领域二维条码标准		

随后，中国物品编码中心完成了国家重大标准专项课题"二维码新码制开发与关键技术标准研究"，填补了我国自主知识产权二维码技术的空白，相继制定了多项二维码标准，包括《四一七条码》（GB/T 17172—1997）、《二维条码网格矩阵码》（SJ/T 11349—2006）、《二维条码紧密矩阵码》（SJ/T 11350—2006）、《快速响应矩阵码》（GB/T 18284—2000）、《汉信码》（GB/T 21049—2007），以适应我国"互联网+"和"数字中国"的发展需要。

随着二维码应用进入开放流通领域，中国物品编码中心开始关注研究开放流通领域的二维码管理与标准化，制定了《商品二维码》（GB/T 33993—2017）。该标准规定的技术方案得到了国际上的广泛关注，为国际标准化提供了中国方案，国际物品编码组织（GS1）制定的《GS1数字链接》与《商品二维码》（GB/T 33993—2017）完全兼容。

此外，针对二维码在不同行业的应用，国家陆续发布了《名片二维码通用技术规范》（GB/T 31022—2014）、《食品追溯二维码通用技术要求》（GB/T 38574—2020）等国家标准，为开放流通领域二维码技术的广泛应用和标准制定提供了范本。

1.3 二维码应用现状

二维码是一种简单、低成本的信息载体手段，可实现数据自动采集，在信息流通过程中发挥着越来越重要的作用。目前，二维码技术已经被广泛应用于物品溯源、移动支付、物流运输、电子票务、工业制造等多个领域。我国在二维码产品溯源、支付等领域的应用遥遥领先其他国家，线下移动支付深受消费者欢迎，被称为中国新"四大发明"之一。

1）追溯二维码

目前，追溯领域的二维码应用主要是国际物品编码组织的二维码追溯系统。国际物品编码组织为用户提供了一套完整的追溯体系，使用GS1关键字作为产品唯一标识，并结合其他GS1扩展标识符，实现不同颗粒度的追溯需求。

2）移动支付

随着支付宝等第三方支付平台的出现，二维码支付已经成为线下消费、线上支付的主要手段。中国人民银行牵头中国支付清算协会下发了《条码支付业务规范》，规范线下二维码支付业务。

3）物流运输

在物流系统中，物品需要经过供应商、物流公司、零售商、用户等几个节点，在每个节点都需要对物流单据进行处理，过去一直采用效率低、出错率高的人工录入方式。而现在，各物流节点通过扫描单据上编有单据信息的二维码，即可读入单据信息，存入管理系统，降低了出错率，提高了运输效率。

4）电子票务

目前，火车票、飞机票、公交地铁票、景点门票、演出门票、电影票等纸质票已经广泛使用二维码，在移动终端实现电子化，减少了纸质票务耗材和人工成本，提升了用户体验。商家还可以通过电子票据获取用户信息并加以分析，为用户提供定制化服务。

5）工业制造

就企业内部资源管理而言，在采购、检验、仓储、生产、销售、售后等环节都使用二维码进行管理，可实现产品全生命周期跟踪管理，利用数据分析平台，优化生产流程，提高生产效率，减少库存，真正实现智能化精益生产。

1.4　二维码发展趋势

作为一种高容量信息存储、传递和识别技术，二维码自诞生之日起就得到了世界上许多国家的关注，美国、德国、日本、墨西哥、埃及、哥伦比亚、巴林、新加坡、菲律宾、南非、加拿大等国，已将二维码技术应用于公安、外交、军事等部门对各类证件的管理，海关、税务等部门对各类报表和票据的管理，商业、交通运输等部门对商品及货物运输的管理，邮政部门对邮政包裹的管理，工业生产领域对工业生产线的自动化管理。

我国对二维码技术的研究开始于1993年。目前，二维码技术已在汽车行业自动化生产线、医疗急救服务卡、涉外专利案件收费、珠宝玉石饰品管理、高速公路收费管理及银行汇票领域得到了应用。1999年3月，第九届全国人大三次全体会议和全国政协九届三次会议期间，在随行人员证件、记者证、旁听证上成功地应用了二维码技术，引起了与会代表和新闻界的极大关注。龙贝二维码的出现以及具有自主知识产权的二维码——汉信码研发成功，实现了我国自主知识产权二维码标准"零"的突破，更加有力地推动二维码在我国的应用。

近年来二维码应用开始进入流通领域。在物流标签中，已开始使用二维码表示发货地、收货方地址等信息。国际标准化组织包装技术委员会提出了包装标签的二维码标准，国际物品编码协会在 EAN/UCC 规范中提出了标准化的二维码应用规范，标志着开放的物流供应链过程中的二维码应用需求已经明确，二维码技术的应用正从以往单一的、局部的、封闭的系统应用，向着开放的、全球化的、标准化的大型应用系统方向发展。

随着社会信息化程度的不断提高和二维码等自动识别与数据采集技术的飞速发展，近几年来二维码技术与其他技术相互融合、相互渗透的趋势越来越明显。例如，随着射频识别（RFID）技术在全球的推广应用，二维码技术与 RFID 技术集成，形成了新的热点。二维码技术成本低、易于制作，RFID 技术安全性好、识读快捷，两种自动识别技术的融合实现了优势互补，具有广阔的应用前景。此外，利用手机作为识读装置、移动通信网络作为信息传输平台的二维码手机应用发展得如火如荼，该领域吸引了包括三大电信运营商在内的众多企业，这些企业从事手机二维码业务的技术研究、应用、宣传推广以及系统运营等工作，新的应用模式和商业模式层出不穷，二维码手机应用领域已经成为二维码技术发展最快的领域。二维码与其他技术相互融合、相互渗透，使二维码技术向更深更广的领域发展。

目前，在全球范围内，二维码技术的发展呈现出 3 个主要趋势：

1）技术发展迅速

二维码码制技术、编码技术、识读解析技术、存储技术等较为成熟稳定并呈现多样化特点，并随着移动网络、智能终端等的发展而日益优化提升。国内多种码制并存，但更适合我国需求的自主知识产权码制成为不可忽视的后起之秀。

2）应用广泛深入

随着物联网、工业互联网、大数据、云计算、区块链等新技术的发展，二维码正成为新的物品标识技术、移动互联入口和贸易流通结算载体，渗透到全球经济贸易和社会生活的各个领域。特别是移动商务应用必将对二维码产业在国内的发展注入鲜活动力并带来新的机遇。

3）标准化需求提升

当前，对二维码的全球统一协调发展和各国标准互通互联的要求日益凸显，二维码的全球化、标准化发展日益成为影响二维码支撑全球贸易便利化、产业价值链重塑和数字经济发展的关键因素。我国将制定并实施二维码标准化战略，不断编制和修订二维码行业应用的标准规范，大力推动我国二维码标准的国际化进程。

第 2 章 二维码生成技术

2.1 编 码

二维码码字生成,是通过一定的数据信息映射和压缩方法,将描述对象经过预编码的数字、字母、符号、文字、图像等信息转化为二维码数据码字流的过程。对不同的数据信息,二维码提供了相应的数据编码模式来实现数据信息的转换,常用的数据编码模式包括:数字编码模式、文本编码模式、字节编码模式、汉字编码模式。数字编码模式主要用于表示数字信息;文本编码模式(字母压缩模式)主要用于对英文字母和数字信息进行编码;字节编码模式主要用于 ASCII 字符集、ASCII 扩展字符集以及图像信息的表示,也可用于表示数字信息(0~9),但会降低表示效率;汉字编码模式用于高效表示汉字信息,可以用 13 位表示 1 个汉字(汉字内码 16 位)。对于没有汉字编码模式的二维码来说,常常使用字节编码模式来代替(1 个汉字用 2 个字节 16 位表示)。不同二维码码制表示的信息范围及方法各有不同。通过信息编码过程,可将数字、西文字符、中文字符、图像信息等不同的信息集合映射到统一的符号数据码字集合中,从而实现数据压缩与信息格式规范化。

2.1.1 PDF417 码的编码模式与方法

PDF417 码主要采用数字编码模式、文本编码模式、字节编码模式进行信息编码,各模式之间通过模式锁定与模式转移(Latch/Shift)码字来实现相互切换,以提高信息表示效率。PDF417 码信息编码流程见图 2-1。

PDF417 码有 3 种数据模式:数字模式(NC)、文本模式(TC)、字节模式(BC)。其编码过程为:将输入的信息分析划为数字、文本、字节共 3 种模式,并分别转换成 GF(929)域上的数据码字,加上相应的模式指示符,形成码字序列,在序列前加上码字个数指示码字,形成数据码字序列。此外,通过模式锁定/转移码字,可在 PDF417 码中应用多种模式表示数据。模式锁定转换码字表见表 2-1。模式切换示意见图 2-2。

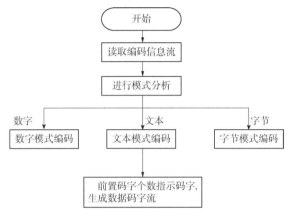

图 2-1　PDF417 码信息编码流程

模式锁定转换码字表　　　　　　　　表 2-1

模　式		模式锁定	模式转移
文本模式	大写字母型子模式	900	
	小写字母型子模式		
	混合型子模式		
	标点型子模式		
字节模式		901/924	913
数字模式		902	

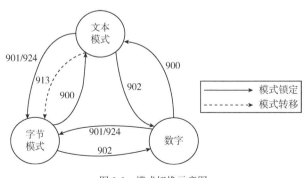

图 2-2　模式切换示意图

17

2.1.1.1 数字模式

数字模式是指从基10至基900的数据编码的一种方法,它将约3个数字位(2.93)用1个码字表示。推荐连续数字个数大于13时采用数字模式,否则采用文本模式。

具体编码步骤为:

①将数字序列从左至右每44位分为一组,最后一组包含的数字可少于44个。

②对每一组数字,首先在数字序列前加一位有效数字1(即前导位),然后执行基10至基900的转换。

例如,对于数字序列000213298174000的编码,首先对其进行分组,因只有15位,故分成1组;然后,在最左边加1,得到1000213298174000;最后,转换成基900码字:1,624,434,632,282,200。

2.1.1.2 文本模式

文本模式包含4个子模式:大写字母型子模式、小写字母型子模式、混合型子模式、标点型子模式。在子模式中,每一个字符对应一个值(0~29),则码字=30×H+L,其中H、L分别表示字符对中的高位与低位字符值。

子模式切换示意见图2-3。

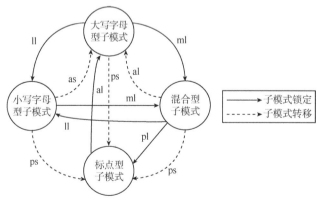

图2-3 文本模式编码子模式切换

ll-锁定为小写字母型子模式;ps-转移为标点型子模式;ml-锁定为混合型子模式;al-锁定为大写字母型子模式;pl-锁定为标点型子模式;as-转移为大写字母型子模式

具体编码步骤为:

①进行子模式分解。

②将每个子模式下的字符转换成 GLI0(基 30)的码,并加上模式锁定符、转移符与填充位(当为奇数时加 29)。

③将 GLI0 码转换成码字。

④前置文本模式锁定符(在条码数据开始位置,可以省略)。

例如,对于文本字串"PDF417"的编码如下:"PDF"分为大写字母型子模式,转换成 GLI0:15,3,5;"417"分为混合型子模式,转换成 GLI0:4,1,7;大写字母型模式锁定符在开始位置可以省略,混合型子模式锁定符是 ml = 28;则 GLI0 序列为:15,3,5,28,4,1,7,29(填充位);转成码字:453,178,121,239。

2.1.1.3 字节模式

字节模式通过基 256 至基 900 的转换,将字节序列转换为码字序列。字节模式有 2 个模式锁定(901,924)。当所要表示的字节总数不是 6 的倍数时,用锁定模式 901;否则,用锁定模式 924。模式转移 913 用于从文本模式到字节模式暂时性转移。

在 924 锁定模式情况下,6 个字节通过基 256 至基 900 的转换生成 5 个码字,从左至右进行转换。

具体编码步骤为:

①读取字节模式字节序列 n。

②选择模式指示:若 n 为 1,当前模式为文本模式,采用模式转移 913;若 n 为 6 的整数倍,采用字节锁定模式 924,若不是 6 的整数倍,采用字节锁定模式 901。

③若 $n \geq 6$,取 6 个字节,转换成 5 个码字;若不足 6 个字节,每 1 个字节转换成 1 个码字。

④形成字节模式码字序列。

例如,16 进制数据序列"01H、02H、03H、04H、05H、06H",通过下列公式进行转换:

$$1 \times 256^5 + 2 \times 256^4 + 3 \times 256^3 + 4 \times 256^2 + 5 \times 256 + 6$$
$$= 1 \times 900^4 + 620 \times 900^3 + 89 \times 900^2 + 74 \times 900 + 846$$

转换后码字为"1、620、89、74、846",共 5 个。

2.1.2　QR 码的编码模式与方法

QR 码支持多种编码模式,涵盖了互联网上绝大多数字符,并且具有扩充解释模式,可以进行自定义解释。其支持的编码模式如下:

①数字模式,采用数字型数据(数字 0~9)。

②字母数字模式,采用 QR 码自定义的字母数字型数据(数字 0~9;大写字母 A~Z;9 个特殊字符: $,% ,},* ,+ ,- ,. ,/ ,:)。

③8 位字节模式,采用 8 位字节型数据。

④日文汉字模式,采用日文汉字字符。

⑤中文汉字模式,采用中文汉字字符。

⑥扩充解释(ECI)模式。

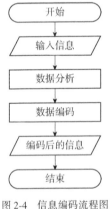

图 2-4　信息编码流程图

信息编码是指将不同信息编码成二进制数据流的过程,流程图如图 2-4 所示。

信息编码之前,要对输入的数据流进行分析,确定要编码的字符的类型,以确定需要使用的数据模式,并且选择不同的版本。

数据编码是指将不同的信息变为二进制位数据流。数据流由 3 段组成,分别是模式指示符(4 位)、字符计数指示符(8~16 位)、信息数据位流。其中模式指示符表明当前使用的模式,各模式的模式指示符如表 2-2 所示。

模式指示符　　　　　　　　　　　表 2-2

模　式	指　示　符	模　式	指　示　符
ECI	0111	日文汉字	1000
数字	0001	中文汉字	1101
字母数字	0010	结构链接	0011
8 位字节	0100	FNCI	0101(第一位置)
			1001(第二位置)

字符计数指示符表示后面的信息数据位流中编码前含有多少个字符。字符计数指示符的长度随着字符位数的不同而异，其长度规定见表2-3。

字符计数指示符的位数　　　　　　　　　　表2-3

版本	数字模式	字母数字模式	8位字节模式	日文汉字模式	中文汉字模式
1～9	10	9	8	8	8
10～26	12	11	16	10	10
27～40	14	13	16	12	12

信息数据位流是对数据的编码。不同的模式对数据的编码方式不同。这里举例说明数字模式、字母数字模式和混合模式编码。

2.1.2.1　数字模式

将输入的数据每3位分为一组，每组作为1个十进制数转换为二进制数，前面补0凑成10位。如果最后剩余1位或2位数字，则将这1位或2位数字作为一组转换为二进制数，分别凑成4位或7位二进制数。最后在这串数字前面加上模式指示符和字符计数指示符。

例如：输入数据为15300262235，版本与纠错等级为1-H。

①每3位分为一组：

　　　　　　　　153　002　622　35

②将每组转换为10位二进制，最后一组转换为7位二进制数：

　　　0010011001　0000000010　1001101110　0100011

③将字符计数指示符转换为二进制（版本与纠错等级1-H时为10位），转换为：

　　　　　　　　0000001011

④加入数字模式的模式指示符0001以及字符计数指示符：

0001　0000001011　0010011001　0000000010　1001101110　0100011

即为信息编码后的结果。

2.1.2.2　字母数字模式

将输入的数据每2个字符分为一组，并按表2-4查出每个字符对应的数值。将每组中的第 1 位字符的值乘以 45,与第 2 个字符的值相加,将所得的结果转换为二进制,并在前面添 0 补成 11 位。如果最后余下 1 个字符,则将最后一个字符编码转换为二进制并补成 6 位。最后将二进制数据连接起来并在前面加上模式指示符和字符计数指示符。

字母数字模式的编译码表 表 2-4

字符	值	字符	值	字符	值	字符	值
0	0	C	12	O	24	SP	36
1	1	D	13	P	25	$	37
2	2	E	14	Q	26	%	38
3	3	F	15	R	27	*	39
4	4	G	16	S	28	+	40
5	5	H	17	T	29	-	41
6	6	I	18	U	30	.	42
7	7	J	19	V	31	/	43
8	8	K	20	W	32	:	44
9	9	L	21	X	33		
A	10	M	22	Y	34		
B	11	N	23	Z	35		

例如:输入数据为 yyzl234,版本与纠错等级为 1-H。

①将数据每 2 个分为 1 组,查表 2-4 中字符的对应值。则 yyzl234 转换为:
　　(34,34)(35,1)(2,3)(4)

②将每组数据转换为 11 位二进制数,最后一组转换为 6 位二进制数:
　　11000011100　11000101000　00001011101　000100

③将字符计数指示符转换为二进制(版本 1-H 为 9 位):
　　000000111

④在二进制数据前加上模式指示符 0010 和字符计数指示符:
　0010 000000111　11000011100　11000101000　00001011101　000100
即为信息编码后的结果。

2.1.2.3　混合模式

QR 码允许使用不同模式进行混合编码,可以从一种模式转换到另一种模式来表示数据。在信息编码时根据不同模式进行分段,每一段都有自己的模式指示符、字符计数指示符、二进制数据流。这种模式保证了所有可以表示的字符都可以出现在同一个 QR 码中。

表 2-5 直观展示了混合模式的数据格式。

混合模式的数据格式　　　　表 2-5

段 1			段 2			……	段 n		
模式指示符	字符计数指示符	信息数据位流	字符计数指示符	字符计数指示符	信息数据位流	……	模式指示符 n	字符计数指示符	信息数据位流

2.1.3　QR 码的汉字编码

与字母数字编码有统一的 ASCII 码标准不同,汉字编码(包括其他表意文字)向来是编码难点。所谓的汉字编码是指按照一定规则,使汉字集合内的元素对应相应的二进制代码。为了实现二维码中的汉字编码,首先需要了解信息系统中的汉字编码。

2.1.3.1　信息系统中的汉字编码

汉字在信息系统中有各式各样的代码,主要包括汉字输入码、汉字内码、汉字交换码、汉字地址码和汉字字形码。

汉字输入码是将汉字输入信息系统时对汉字的编码,如五笔字型码、拼音码等。由于这种码由信息系统外的用户产出,又称为汉字外码。

汉字内码是信息系统内部存储、处理、传输汉字所用的基本表达形式,我国现行汉字内码标准为《信息技术　中文编码字符集》(GB 18030—2005),采用单字节、双字节、四字节共 3 种方式对字符进行编码。此外,Unicode 也可以编码汉字。

汉字交换码是汉字在信息处理系统之间或信息处理系统与通信系统之

间进行汉字信息交换时所使用的代码。汉字内码与汉字交换码有一定的对应关系。

汉字地址码用于指定汉字信息在汉字库中的逻辑地址。

汉字字形码用于表达汉字字形的图形数据,表现方式可以为点阵、矢量。

信息系统中各式各样的汉字编码丰富了汉字的存储、输入、显示。在信息传输的过程中,需要选取最适当的编码。

2.1.3.2　二维码编码中的汉字编码

在实践中,人们曾考虑建立条码符号与汉字字符之间的一一对应关系来表示汉字,但很快发现应使用汉字内码来表示汉字。原因有 4 点:第一,内码形式表示方案有国家标准,具有通用性;第二,与信息系统兼容性好;第三,可保持二维码存储和传送信息的独立性;第四,内码形式表示方案有可扩展性。

在快速响应矩阵码(QR 码)的国家标准中给出了汉字编码的方式。所使用的字符库 GB2312 共收录字符 7445 个,其中汉字字符 6768 个,每个字符由 2 个字节表示。将每个字符转换为 13 位二进制数,将所有的二进制数连接成 1 个位流,然后在前面加上模式指示符、中文汉字子集指示符和字符计数指示符。具体方法如下:

①若第一字节在 $A1_H$ 到 AA_H 之间、第二字节在 $A1_H$ 到 FE_H 之间,则将第一字节减去 $A1_H$ 再乘以 60_H 再加上第二字节减 $A1_H$ 的值,将最后结果转换为 13 位二进制。

②若第一字节在 $B0_H$ 到 FA_H 之间、第二字节在 $A1_H$ 到 FE_H 之间,则将第一字节减去 $A6_H$ 再乘以 60_H 再加上第二字节减 $A1_H$ 的值,将最后结果转换为 13 位二进制。

通过上述方法将原来 16 位的 GB2312 编码转换为 13 位二进制编码,去除了 GB2312 本身包含的冗余。

2.2　纠　错　码

早期出现的 Code 49 码、Code 16K 码等二维码,在信息表示密度方面比一维条码有了很大提高,但由于是在一维条码的基础上生成的,因而没有纠错功能。人们在使用中发现,尽管早期开发的二维码能表示大量的数据信息,但条高的截短使二维码因质量问题出现不可识读的概率大大增加,一旦不能识读,则二维码毫无意义。这在某种程度上限制了二维码的应用。

为了解决早期二维码在使用中出现的问题,拓展二维码的应用,后期研制的 PDF417 码、Data Matrix 码、QR 码、汉信码等都采用了纠错技术。纠错技术的实质是在原有信息的基础上增加信息冗余,制作、使用二维码时可以根据实际情况选择不同的纠错等级,通过纠错码生成算法由数据码字生成纠错码字。当脱墨、污点等破损造成信息差错时,利用编码时引入的纠错码字通过特定的纠错译码算法可以正确译解、还原原始数据信息。纠错功能是二维码的一大特点,它为二维条码在各领域的广泛使用奠定了基础。

2.2.1 纠错码原理

在信息的传送、存储中,为了能判断传送、存储的信息是否有误,可以在传送时增加必要的附加判断数据;如果既能判断传送的信息是否有误,又能纠正错误,则需要增加更多的附加判断数据。这些附加数据在不发生误码的情况之下是完全多余的,但如果发生误码,即可利用被传信息数据与附加数据之间的特定关系来检出和纠正错误,这就是纠错码的基本原理。具体地说:为了使信源代码具有检错和纠错能力,应当按一定的规则在信源编码的基础上增加一些冗余码元(又称监督码元),使这些冗余码元与被传送信息码元之间建立一定的关系,发信端完成这个任务的过程称为误码控制编码;在收信端,根据信息码元与监督码元的特定关系,实现检错或纠错,输出原信息码元,这个过程称为纠错译码(或解码)。举例来说,如果用 3 比特表示 8 种意义,那么无论如何也不能发现差错,因为假如信息 000 变成 010,根本无法判断这是在传输过程中因差错而由 000 变成 010,还是原本传送的就是 010。但是,如果用 3 比特来表示 2 种意义(即只传输 000 或 111),就有可能发现差错。因为 3 比特的 8 种组合能表示 8 种意义,用它代表 2 种意义后尚有 6 种冗余组合,例如传输的 000 误成 010,由于 010 落在了冗余码字中,说明传输中出现了误码,由大数译码可以知道原始信息是 000。另外,无论检错和纠错,都有一定的误差范围。如上例中,若111错成000,则无法实现检错与纠错,因为这个数据同样满足冗余数据的约束条件,这时就应当增加更多的冗余数据。信源编码的中心任务是消除冗余,实现码率压缩,可是为了检错与纠错,又不得不增加冗余,这必然导致码率增加、传输效率降低,显然这是个矛盾。分析误码控制编码的目的,正是寻求较好的编码方式,能在使冗余增加不太多的前提下实现检错和纠错。在数据信息中增加多少冗余、增加什么样的相关性可以达到最好的效果,正是纠错码技术要解决的问题。

下面是纠错码中部分专用名词的解释:

①码重:码字中1的个数。如码字11000的码重为2。

②码距:两个码字C1与C2之间不同的比特数(又称为"汉明距"),如1100与1010的码距为2。

③最小码距:是码的一种属性,如(n,k)码中任何两个码字C1与C2之间码距的最小值,用d_{min}表示。码的最小码距决定了码的纠错、检错性能。

2.2.2 纠错码分类

随着数字通信技术的发展,各种误码控制编码方案被研究开发出来,它们建立在不同的数学模型基础上,并具有不同的检错与纠错特性,可以从不同的角度对误码控制编码进行分类。

按照误码控制的不同功能,可分为检错码、纠错码和纠删码等。检错码仅具备识别错码功能而无纠正错码功能;纠错码不仅具备识别错码功能,还具备纠正错码功能;纠删码则不仅具备识别错码和纠正错码的功能,而且当错码超过纠正范围时可把无法纠错的信息删除。

按照误码产生的原因不同,可分为纠正随机错误的码与纠正突发性错误的码。前者主要用于产生独立的局部误码的信道,而后者主要用于产生大面积的连续误码的情况,例如由于二维码较大面积污染而发生的信息丢失。

按照信息码元与附加的监督码元之间的关系,可分为线性码与非线性码。如果两者呈线性关系,即满足一组线性方程式,就称为线性码;否则,称为非线性码。

按照信息码元与监督码元之间的约束方式的不同,可以分为分组码与卷积码。在分组码中,编码后的码元序列每 n 位分为一组,其中包括 k 位信息码元和 r 位附加监督码元,即 $n=k+r$,每组的监督码元仅与本组的信息码元有关,而与其他组的信息码元无关。卷积码则不同,虽然编码后码元序列也划分为码组,但每组的监督码元不但与本组的信息码元有关,而且与前面码组的信息码元也有约束关系。

按照信息码元在编码之后是否保持原来的形式不变,可分为系统码与非系统码。在系统码中,编码后的信息码元序列保持原样不变;而在非系统码中,信息码元会改变其原有的信息码元序列,由于原有码位发生了变化,使译码电路更为复杂,故较少选用。

2.2.3 PDF417 码的纠错码

PDF417 码的码字所在域是 GF(929) 伽罗华域,基元是 3,码长是 928,码字的基模是 929。

纠错码字数为 $2(k+1)$,其中 k 为错误纠正等级,共 9 个,见表 2-6。不同数据码字数的错误纠正等级见表 2-7。

PDF417 码错误纠正等级与纠错码字数　　表 2-6

错误纠正等级	纠错码字数	错误纠正等级	纠错码字数
0	2	5	64
1	4	6	128
2	8	7	256
3	16	8	512
4	32		

错误纠正等级选择　　表 2-7

数据码字数	错误纠正等级	数据码字数	错误纠正等级
1~40	2	161~320	4
40~160	3	321~863	5

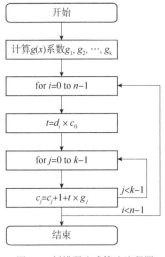

图 2-5 纠错码生成算法流程图

纠错码可以纠正 2 类错误——拒读错误（错误码字的位置已知）和替代错误（错误码字位置未知）。拒读错误是没扫描或无法译码的符号字符，替代错误是错误译码的符号字符。

可以纠正的替代错误和拒读错误的数量由下式给出：

$$e+2t \leqslant d-p \tag{2-1}$$

式中：e——拒读错误数；

t——替代错误数；

d——纠错码字数；

p——错误检测字数。

纠错码生成算法流程如图 2-5 所示。

2.2.4 QR 码的纠错码

QR 码的版本从 1 到 40，共 40 个，每个版本能容纳的数据容量从 26 到 3706 码字不等。版本 1 的边长为 21，之后版本号每加 1，边长增加 4，版本 40 的边长为 177。

由于各种原因，识读二维码时可能遇到各种各样的困难，比如各种污损造成的模糊、环境光照等因素都会对二维码的识别产生影响。解码时对二维码进行的一系列图像处理优化可以有效地提高二维码的识别效率与成功率。但如果二维码的污损程度过大，二维码的图像有小部分无法读取，此时就要靠纠错处理来还原数据。在 QR 码中，最终的编码序列是由数据码和纠错码组合成的，纠错码位于数据码之后。

QR 码共有 4 个纠错等级，分别用 L（低）、M（中）、Q（标准）、H（高）表示，可恢复的码字比例依次为 7%、15%、25% 和 30%。不同的纠错等级使用的纠错码字数不同，越高纠错等级使用的纠错码字越多，用来编码信息的码字就少。因此，提高纠错等级意味着减少二维码携带的信息量或升高二维码的版本。

在二维码的生成过程中，使用了两种类型的纠错码：一种为 BCH（Bose-Chaudhuri-Hocquen）码，生成格式信息的纠错码；一种为 Reed-Solomen（RS）

码,生成输入信息的纠错码。所谓纠错码,指的是以比特形式传递信息的过程当中,不仅能够检测出错误,且能对纠错能力以内的错误的位进行纠正的码字。BCH 码是一种应用非常广泛的循环纠错码。RS 码则是一种特殊的 BCH 码,其以 8 个位作为 1 个码字,以码字作为信息传递的基本单位,使用 BCH 码的编码方式进行编码。下面介绍 BCH 码的编码原理,RS 码的编码原理与之类似。

QR 码使用的 RS 码的码系数从 $GF(2^8)$ 中取值,也就是说使用的是 $GF(2^8)$ 算法。$GF(2^8)$ 与线性空间 $\{0,1\}^8$ 同构(关于"+")。QR 码使用的 $GF(2^8)$ 的主模块多项式为 $x^8+x^4+x^3+x^2+1$,用二进制表示即 100011101。因此,QR 码的多项式算法实际上为位的模 2 加法和字节的模 100011101 乘法。数据码字为多项式各项的系数,第一个数据码字为最高次项的系数,最低次项的系数是第一个纠错码字前的最后一个数据码字。纠错码字是数据码字被纠错码多项式 $g(x)$ 除得的余数。余数的最高次项系数为第一个纠错码字,最低次项系数为最后一个纠错码字,也是整个块的最后一个码字。用于生成纠错码字的多项式有 31 个,可以通过计算得出,也可以按 QR 码的标准查到。

纠错算法可以用图 2-6 所示的除法电路来实现。寄存器 b_0 到 b_{k-1} 的初始值为 0。生成编码的状态有两种:在第一种状态,开关位置向下,数据码字经过电路后输出,在 n 个时钟脉冲后结束;在第二种状态,开关位置向上,通过保持输入为 0,顺序释放寄存器而生成纠错码字 $\xi_{k-1},\cdots,\xi_0$。

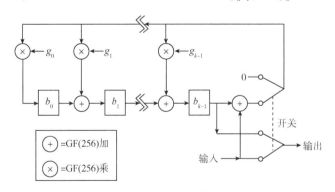

图 2-6　纠错码字编码电路

纠错解码步骤为:计算伴随式→找错误位置→求出错误值→纠错。

2.3 符号表示方式

二维码符号表示是指在完成二维码的编码之后,按照特定的规则将码字流用相应的二维码符号表示的过程,见图 2-7。

图 2-7 二维码符号表示过程

二维条码信息表示应用示例如下:

数据信息为 97-A25-02-01,码字流如下:

  034 849 226 840 842 166 002 480 041 885
  901 306 602 058 443 873 326 588 601 869
  337 351 553 304 450 419 354 622 781 273
  192 181 227 013 114 900 430 908

相应的 PDF417 码符号见图 2-8。

图 2-8 PDF417 码符号示例

根据二维码符号的结构特点及生成原理,通常将二维码分为行排式二维码和矩阵式二维码两类。具有代表性的行排式二维码有 PDF417 码、Code 49 码、Code 16K 码等,具有代表性的矩阵式二维码有 QR 码、Data Matrix 码、Code One 码、Maxi Code 码等。

2.3.1 行排式二维码

2.3.1.1 符号结构

行排式二维码符号结构的共同特征是:多行结构,符号的顶部和底部为空白区,上、下空白区之间为多行结构;每行数据符号字符数相同,行与行左右对齐直接衔接(Supercode 码除外);每行均由左空白区、起始符、符号字符、终止符、右空白区等组成,如图 2-9 所示。

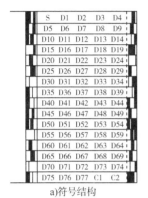
a)符号结构

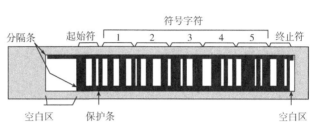
b)行结构

图 2-9 Code 16K 码符号结构

2.3.1.2 符号字符结构

行排式二维码是在一维条码的基础上产生的,它的符号字符的结构与一维条码符号字符的结构相同,由不同宽窄的条空组成,属模块组合型。例如,最早的行排式二维码 Code 49 码,其符号字符由 4 条 4 空、共 16 个模块组成,每个条空由 1~6 个模块组成,见图 2-10;Code 16K 码的符号字符由 3 条 3 空、共 11 个模块组成,每个条空由 1~4 个模块组成,见图 2-11;PDF417 码每一符号字符由 4 条 4 空、共 17 个模块组成,每个条空由 1~6 个模块组成,见图 2-12。

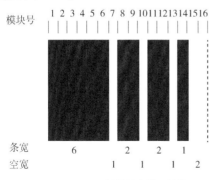

图 2-10 Code 49 码符号字符的结构

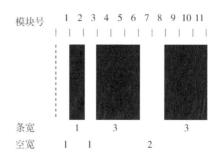

图 2-11 Code 16K 码符号字符的结构

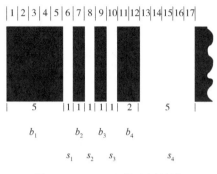

图 2-12　PDF417 码符号字符结构

2.3.1.3　行标识

行排式二维码在符号字符设计、符号的基本构成、识读方式等方面承继了一维条码的特点，符号识读设备、符号生成与一维条码兼容。但与一维条码的不同点在于它是一个多行结构，从符号结构上要求增加行标识功能。在行排式二维码行标识方面，不同码制采取了不同的行标识方法。

Code 49 码由 2~8 行组成，行与行之间由 1 个模块宽的分隔条分开，每行由左空白区、起始符、4 个符号字符、终止符及右空白区组成。由于 Code 49 码符号的起始符与终止符是唯一的，起始符由 1 个模块宽的条和 1 个模块宽的空构成，终止符由 4 个模块宽的条构成，因此，其起始符与终止符仅用于标识每行符号的开始与终止，其行标识通过行与行之间的分隔条及每行 4 个码字的奇偶性排序的不同来实现。通过行分隔条来避免穿行扫描，通过每行 4 个码字的奇偶性排列与行号的一一对应关系来标识行号，详见表 2-8。

Code 49 码的码字奇偶排列　　表 2-8

行　号	第一个码字	第二个码字	第三个码字	第四个码字
行 1	奇	偶	偶	奇
行 2	偶	奇	偶	奇
行 3	奇	奇	偶	偶
行 4	偶	偶	奇	奇

续上表

行　号	第一个码字	第二个码字	第三个码字	第四个码字
行5	奇	偶	奇	偶
行6	偶	奇	奇	偶
行7	奇	奇	奇	奇
最后一行	偶	偶	偶	偶

Code 16K 码由 2~16 行组成,行与行之间由一个模块宽的分隔条分开,其分隔条的作用与 Code 49 码相同,用于避免穿行扫描。每行由左空白区、起始符、保护条、5 个符号字符、终止符及右空白区组成。其行标识通过每一行唯一的起始符与终止符来实现。Code 16K 码符号起始符的条空结构为"条—空—条—空"形式,共 7 个模块宽。这种条空组合形式可通过边缘到相似边缘的距离进行译码,且为偶排列(条的模块总数为偶数),表 2-9 给出了 8 种形式的起始符的条空结构及对应值。Code 16K 码的终止符为"空—条—空—条"的组合形式,它可通过边缘到相似边缘的距离译码且为奇排列,表 2-9 给出了终止符的 8 种形式。从中可以看出,每行有唯一的起始符与终止符的组合,详见表 2-10。因此,可通过每行起始符与终止符的唯一组合来实现行标识。

起始符与终止符形式　　　　　　　　　　表 2-9

起　始　符				值	终　止　符			
条	空	条	空		空	条	空	条
3	2	1	1	0	3	2	1	1
2	2	2	1	1	2	2	2	1
2	1	2	2	2	2	1	2	2
1	4	1	1	3	1	4	1	1
1	1	3	2	4	1	1	3	2
1	2	3	1	5	1	2	3	1
1	1	1	4	6	1	1	1	4
3	1	1	2	7	3	1	1	2

起始符与终止符的值决定层数　　　　　　表 2-10

层	起始值	终止值	层	起始值	终止值
1	0	0	9	0	4
2	1	1	10	1	5
3	2	2	11	2	6
4	3	3	12	3	7
5	4	4	13	4	0
6	5	5	14	5	1
7	6	6	15	6	2
8	7	7	16	7	3

PDF417码由3~90行组成，每行由左空白区、起始符、左行指示符号字符、1~30个数据符号字符、右行指示符号字符、终止符、右空白区构成。它的起始符与终止符是唯一的，因此，其功能与Code 49码相同，仅用于标识每行符号的开始与终止。PDF417码的行与行之间没有分隔条，这与Code 49码、Code 16K码、Code Block码等行排式条码符号不同。PDF417码符号每相邻3行采用不同的簇号(0,3,6)，保证识读设备正确判别穿行扫描数据是否属同行数据。通过左、右行指示符号字符来指示PDF417码符号的每一行的行号、总行数等，从而实现行标识，详见表2-11。

左/右行指示符号字符　　　　　　表 2-11

左行指示符号字符(L_i)		……	右行指示符号字符(R_i)	
	$L_1(x_1,y)$		$R_1(x_1,y)$	
	$L_2(x_2,z)$		$R_2(x_2,z)$	
	$L_3(x_3,v)$		$R_3(x_3,v)$	
终止符	$L_4(x_4,y)$	……	$R_4(x_4,y)$	终止符
	$L_5(x_5,z)$		$R_5(x_5,z)$	
	$L_6(x_6,v)$		$R_6(x_6,v)$	
	⋮		⋮	

行指示符号字符值的计算方法如下：

左行指示符号字符(L_i)的值由下式确定：

$$L_i = \begin{cases} 30\,x_i+y & 当c_i=0时 \\ 30\,x_i+z & 当c_i=3时 \\ 30\,x_i+v & 当c_i=6时 \end{cases} \tag{2-2}$$

右行指示符号字符(R_i)的值由下式确定：

$$R_i = \begin{cases} 30\,x_i+v & 当c_i=0时 \\ 30\,x_i+y & 当c_i=0时 \\ 30\,x_i+z & 当c_i=0时 \end{cases} \tag{2-3}$$

式中：x_i——其值为INT[(行号-1)/3]，$i=1,2,3,\cdots,90$；

y——其值为INT[(行号-1)/3]；

z——其值为纠错等级×3+(行数-1)mod3；

v——数据区的列数-1；

c_i——第i行的族号。

2.3.2 矩阵式二维码

2.3.2.1 符号结构

矩阵式二维码符号在结构形体及元素排列方面与代数矩阵具有相似的特征。它以计算机图像处理技术为基础。矩阵式二维码符号结构的共同特征是由特定的符号功能图形及分布在矩阵元素位置上表示数据信息的图形模块(如正方形、圆、正多边形等图形模块)构成，用深色模块单元表示二进制的"1"，用浅色模块单元表示二进制的"0"。数据码字流通过分布在矩阵元素位置上的单元模块的不同组合来表示。具有代表性的矩阵式二维码有QR码、Data Matrix码、Code One码、Maxi Code码等。

2.3.2.2 符号字符

矩阵式二维码是在行排式二维码不能满足某些应用领域要求符号小型化及表示更多信息量的背景下产生的，它是建立在计算机图像处理技术、组合编码原理基础上的一种新型图形符号自动识读处理码制。其符号字符由若干个深色或浅色模块按规律排列构成。大多数矩阵式二维码的符号字符由8个模块按特定规律排列构成。

Data Matrix 码的符号字符由8个深色或浅色正方形模块构成,每个模块表示一个二进制位1或0;通常符号字符中每个模块按从左到右、从上到下的顺序排列,详见图2-13。

QR 码符号字符也由8个深色或浅色正方形模块构成,但其符号字符排列规律与 Data Matrix 码不同,QR 码符号字符根据字符在符号中的位置,采取规则的或非规则的两种排列方式。大多数的符号字符按规则方式排列,采用垂直布置(2个模块宽、4个模块高),或根据需要水平布置(4个模块宽、2个模块高)。只有在紧靠校正图形或改变方向时,才使用非规则排列的方式,详见图2-14~图2-16。

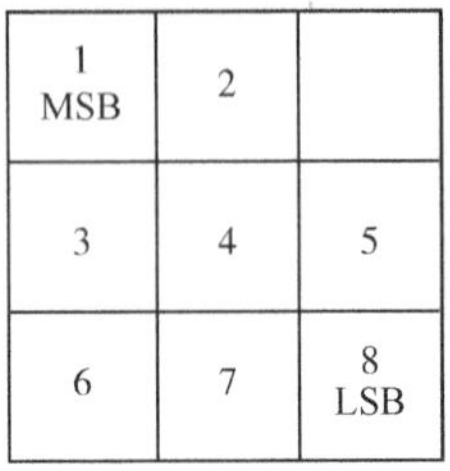

图2-13 Data Matrix 码符号字符的结构
MSB-最高有效位;LSB-最低有效位

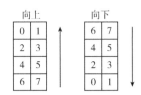

图2-14 布置位置向上或向下的规则排列字符的位的排列

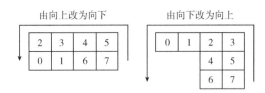

图2-15 布置方向改变的符号字符位的排列

对 Code One 码,其符号字符与 Data Matrix 码、QR 码相同,同样由8个正方形模块构成(特殊版本 S 除外)。但有其特定的符号字符排列规则,详见图2-17。每个字符的8个模块以2×4阵列排列,其最主要位放置于矩形的左上角,从左到右,然后自上而下排列,最不重要位排列在右下角。

对 Code One 码的版本 S,每个符号字符由5个深色或浅色正方形模块构成,其符号字符排列规则如图2-18所示。

第 2 章 二维码生成技术

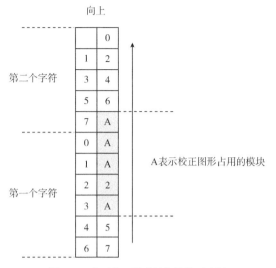

图 2-16 临近校正图形的位的排列示例

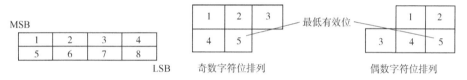

图 2-17 Code One 码符号字符排列   图 2-18 Code One 码版本 S 符号字符的排列

Maxi Code 码每个符号字符由 6 个深色或浅色正六边形模块构成,其排列规则如图 2-19 所示。

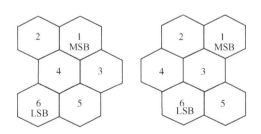

图 2-19 Maxi Code 码典型符号字符结构
LSB-最低有效位;MSB-最高有效位

2.3.2.3 功能图形

每种矩阵式二维码符号都有其独特的功能图形,用于符号标识、确定符

37

号的位置、尺寸及对符号模块的校正等。例如，QR 码的功能图形包括位置探测图形、分隔符、模块位置校正图形及模块图形校正图形（图 2-20）。位置探测图形用于确定 QR 码符号的位置、尺寸、符号相对于识读参考坐标的倾斜角度。分隔符用于将探测图形与符号的其余部分区分开来，以便快速识别。模块位置校正图形用于确定每个模块在符号中的位置坐标并进行位置校正。模块图形校正图形用于对每个正方形模块的图像失真校正。

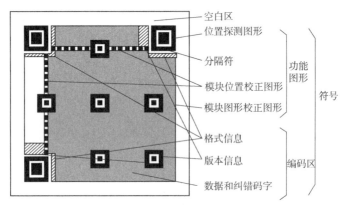

图 2-20　QR 码符号功能图形结构

Data Matrix 码每个符号由规则排列的正方形模块构成的数据区及包围在数据区四周的位置探测图形组成。在较大的 ECC200 符号中，数据区由模块位置校正图形分隔。如图 2-21 所示，位置探测图形是数据区域的一个周界，其中两条邻边是暗实线，形状为"L"形，其宽度为 1 个模块宽，主要用于确定符号的位置、尺寸及对符号的失真进行校正；两条对边由交替的深色或浅色模块构成，主要用于确定符号单元模块的结构、校正模块失真等。ECC200 符号中的校正图形主要用于符号单元模块的校正。

图 2-21　Data Matrix 码符号功能图形结构

对 Code One 码,每个符号由数据区、唯一的识别图形及垂直参考图形构成,如图 2-22 所示,这些功能图形用于标识符号的位置、尺寸(版本)等信息,并对符号模块的失真进行校正等。

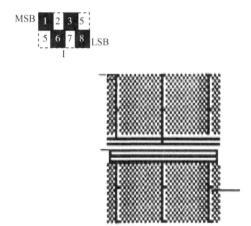

图 2-22　Code One 码符号功能图形结构

对 Maxi Code 码,每个符号有唯一的中央定位图形,四周由正六边形模块按一定规则排列成一个正方形。定位图形由 3 个同心圆构成的暗带及其相间的明带组成,定位图形的中央为一个虚拟模块。定向图形由 6 组以 3 个模块组成的图形构成,见图 2-23。Maxi Code 码符号中的功能图形的作用与上述矩阵式二维码符号的功能图形的作用相同。

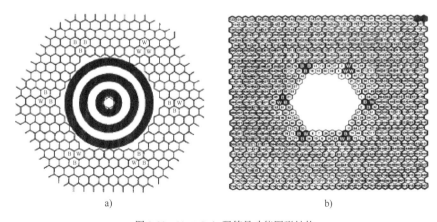

图 2-23　Maxi Code 码符号功能图形结构

2.4 加密技术

信息加密技术是实现信息安全的关键技术之一,密码是实现秘密通信的主要手段,是隐蔽语言、文字、图像的特种符号。密码体制分为对称密钥体制和非对称密钥体制。对称密钥密码技术要求加密、解密双方拥有相同的密钥,而非对称密钥密码技术允许加密、解密双方拥有不相同的密钥。对称密钥密码技术的代表是数据加密标准(Data Encryption Standard,DES),而非对称密码技术的代表是RSA(Rivest-Shamir-Adleman)公钥密码。

二维码防伪加密技术是在二维码的基础上,运用密码学的原理,把密钥的私钥或公钥体制与二维码的编码技术结合起来,克服二维码所载信息在网上或其他物理空间传输时容易被破译和复制的缺点。

二维码原有的加密技术只是简单的位异,严格来讲并不是加密。因此,对有特殊防伪要求的领域,必须对二维码进行深层加密,即采用密码防伪技术来提高二维码的防伪和保密程度。

2.4.1 加密密钥的选择

对于在一般领域应用的二维码,可采用基于RSA的公钥加密体制,并根据信息的安全程度要求选用加密密钥,可选用64位、128位、256位、512位、1024位、2048位,最好选择512位以上的密码体制。目前,加密密钥最高可达2048位;国内应用系统中大部分公钥加密技术用的是512位。如果应用1024位密钥加密,在现有的计算条件下,需要20年以上才能破译。如果客户需要更高的加密,可选择椭圆曲线密码体制(ECC),破译难度更大。从安全方面考虑,用户可随意地选择安全的椭圆曲线。在应用方面,利用基于有限域的椭圆曲线可实现数据加密、密钥交换、数字签名等密码方案。

2.4.2 密钥管理与保护

密钥管理是对密钥材料的产生、登记、认证、注销、分发、安装、存储、归档、撤消、衍生和销毁等服务的实施和运用。密钥管理的目标是安全地实施和运用这些密钥管理服务,因此密钥的保护是极其重要的。密钥管理程序依赖于基本的密码机制、预定的密钥使用以及所用的安全策略。

密钥的保护在安全系统中是关键的部分。对密钥进行恰当的保护要考虑多种因素,例如使用密钥的应用类型、所面临的威胁、密钥可能出现的不同状态等。最重要的是必须防止密钥被泄露、篡改、销毁和重用,而这与所选择的密码技术密切相关。此外,还要防止密钥被误用,例如使用密钥去加密数据。

2.4.2.1 采用密码技术的保护

可以采用密码技术来对抗对密钥材料的某些威胁。例如:用加密来对抗密钥泄露和未授权使用;用数据完整性机制来对抗篡改;用数据原发鉴别机制、数字签名和实体鉴别机制对抗冒充。

2.4.2.2 采用非密码技术的保护

时间标记可以用来将密钥的使用限制在一定的有效期限内,还可以与顺序号一起对抗已记录的密钥协定信息的重用攻击。

2.4.2.3 采用物理手段的保护

安全系统中的密码设备需要保护它所使用的密钥材料不受下列威胁:篡改、删除以及泄露(公开密钥除外)。这些设备主要通过以下手段为密钥存储、密钥使用和密码算法的实现提供安全区:

①从独立的安全密钥存储设备中装载密钥材料。
②与独立的智能安全设备中的密码算法进行交互。
③脱机存储密钥材料(如磁盘)。

2.4.2.4 采用组织手段的保护

一种保护密钥的方法是从组织上将它们按级别划分。除最低级密钥外,每级密钥只用于保护下级密钥,只有最低级密钥直接用于提供数据安全服务。这种分级方法能限制密钥的使用,从而减少泄露范围,增加攻击难度。泄露单个会话密钥只会泄露该密钥所保护的信息。

2.4.3 加密和解密

二维码的加密和解密方案必须根据使用单位的具体要求设计。常用的有以下几种：

1) 方案一

本方案是对信源加密后再进行编码，打印出的二维码只有通过解密程序才能识读，见图 2-24。

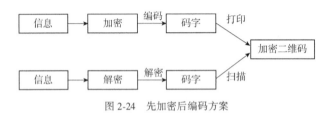

图 2-24 先加密后编码方案

2) 方案二

本方案是对信源编码后再对编码进行加密，见图 2-25。

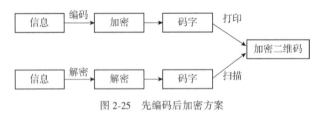

图 2-25 先编码后加密方案

3) 方案三

本方案采用双重加密，首先对信源加密，进行编码后再进行二次加密，与此相应地要进行二次解密方可识读，见图 2-26。

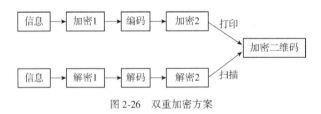

图 2-26 双重加密方案

4) 方案四

本方案是对二维码进行手动随机加密，属高级加密，条码经高速芯片解密后才能识读,见图 2-27。

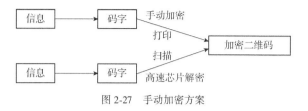

图 2-27 手动加密方案

5) 方案五

本方案是方案三和方案四的组合,适用于对加密级别要求很高的领域,见图 2-28。

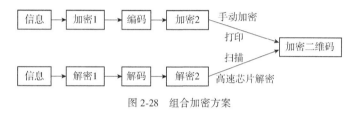

图 2-28 组合加密方案

第3章 二维码识读技术

3.1 二维码识读

二维码识读是获取载体上的图像信息,译码得到二维码符号承载的信息的过程。二维码识读过程可分为图像采集与处理、纠错译码、信息译码等步骤。

二维码识读系统主要包括两类:专用二维码扫描器和安装有二维码解码软件的智能平台。

专用二维码扫描器的生产商主要有 ARGOX 公司、Symbol 公司(2004 年被摩托罗拉公司收购)、Cipherlab 公司以及国内的福建新大陆公司。ARGOX 公司的 AS-9500 影像式二维码扫描器具备绿光指引功能,方便使用者在读取条码时进行瞄准,流明度高达 100000lux,可以在户外、强光环境下操作使用。Cipherlab 公司的 1704 二维码扫描器配备了 130 万像素影像高分辨率读头,可同时获取文件与签名,提供了 3 种扫描确认模块(LED 灯模式、可调整音量的鸣声模式和握把的震动模式),适合于各种严苛的工作场所。Symbol 公司的 DS6708 数字扫描器支持多种板载即插即用接口,并具有直观的激光对焦模式。2010 年 11 月,新大陆公司推出了具有完全自主知识产权的全球首颗二维码解码芯片,采用大规模可编程集成电路,使用单颗 ASIC(Application Specific Integrated Circuit)集成电路运行的硬件进行解码,提高了解码速度和识读效率。新大陆 NLS-HR200 手持式二维码扫描器采用其自主技术,集成了光学系统、光电耦合技术、图形数字化、编解码、图形处理、嵌入式系统等。专用二维码扫描器采用硬件解码,具有识别效率高、可识别多种二维码、适应能力强等优点,但是技术封闭且价格昂贵。

专用二维码解码软件采用软件解码,具有成本低、技术开放等优点,但是识别效率一般,对运行平台要求较高。

此外,可以通过对二维码进行改造来提高识别效率。Microsoft Tag 可以利用较低的分辨率条码图像来提供较大的数据容量,与传统二维码相比,彩色条码降低了对采集图像分辨率的需求。Ankit Mohan 结合光学原理和二维码技术,设计了一种新的载体形式,取名为"Bokode",基本原理为在二维码上添加透镜(或者是具有小孔的隔光片),实现对"Bokode"的远距离识别。

3.2 二维码图像采集

二维码图像采集与处理有两种方式:扫描式识读,摄像式识读。行排式二维码可采用扫描式和摄像式两种方式进行识读。由于矩阵式二维码基本单元为模块(正方形、圆形、六角形等),只能采用摄像式识读。

扫描式识读多用于对行排式二维码的扫描识读。行排式二维码可视为由多行一维条码堆叠而成。扫描式识读器逐行扫描行排式二维码,将获得的各行信息组合起来,扫描原理与一维条码相同。

扫描式识读的基本原理为:由光源发出的光线经过光学系统照射到条码符号上,反射回来的光经过光学系统成像在光电转换器上并使之产生电信号,信号经过电路放大后产生模拟电压,它与照射到条码符号上被反射回来的光强成正比,再经过滤波、整形,形成与模拟信号对应的方波信号,经译码器解释为计算机可以识别的数字信号。

从系统结构和功能上讲,扫描式二维码图像采集与处理系统由扫描系统、信号整形、码字生成三部分组成,如图 3-1 所示。

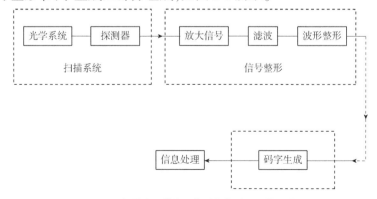

图 3-1 扫描式二维码图像采集与处理系统组成

扫描系统由光学系统及探测器(即光电转换器件)组成,它完成对条码符号的光学扫描,通过光电探测器将条码条空图案的光信号转换成为电信号。

信号整形部分由信号放大、滤波、波形整形组成,它的功能在于将条码的光电扫描信号处理成为标准电位的方波信号,其高低电平的宽度同条码符号的条空尺寸对应。

码字生成部分的功能是将信号整形部分输出的方波信号转化为对应的二进制序列,按照码制编码规则转换为行排式二维码的码字。

条码扫描系统可采取不同的光源、扫描形式、光路设计来实现扫描功能。扫描器可选用的光源种类很多,主要有半导体光源、激光光源,也可选用白炽灯、闪光灯等光源。这里主要介绍发光二极管和激光器。

3.2.1 发光二极管

发光二极管是一个由 P 型半导体和 N 型半导体组合而成的二极管。当在 P-N 结上施加正向电压时,发光二极管发出光来,如图 3-2 所示。

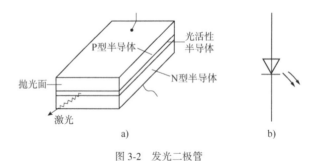

图 3-2 发光二极管

3.2.2 激光器

早期的条码扫描器一般采用氦氖激光器作为扫描光源。到了 20 世纪 80 年代,半导体激光器迅速发展,具有功耗低、体积小、工作电压低、可靠性高、价格低廉的特点,原来使用的氦氖激光器迅速被取代。

常见的小功率半导体激光器的体积像一个普通三极管那么大,所以半导体激光器又称激光二极管。因为条码扫描器普遍采用了激光二极管,所以其体积和成本大大降低。刚开始时,只有发出红外激光的激光二极管,20世纪 90 年代出现了红色光激光二极管(现在已经有蓝色激光二极管)。激光二极管的发展已成为近年来条码技术发展的重要方面。

激光与其他光源相比,有以下独特性质:

①有很强的方向性。

②单色性和相干性极好。其他光源无论采用何种滤波技术也得不到激光器发出的单色光。

③可获得极高的光强度。条码扫描系统采用的都是低功率的激光二极管,短暂射入人眼时不会给人眼造成伤害,且具有其他光源难以达到的光照度。

扫描器扫描识读条码符号的主要方式为手动扫描、自动扫描。

1) 手动扫描

手动扫描比较简单,扫描器内部没有扫描装置,发射的照明光束的位置相对于扫描器固定,需要手持扫描器扫过条码符号。这种扫描器属于固定光束扫描器。光笔和大多数卡式条码阅读器都采用这种扫描方式。光笔扫描示意图见图 3-3。

图 3-3 光笔扫描示意图

2) 自动扫描

自动扫描是指条码扫描器内部含有使扫描光束做扫描运动的装置,如旋转镜组、摆镜等。自动扫描的扫描光源为激光。图 3-4 为自动扫描的基本原理。

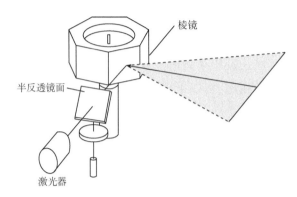

图 3-4　自动扫描的基本原理

　　图中,扫描光束由激光器发出,穿过半反透镜面,再通过周期性旋转的棱镜的各反射镜面,形成激光束的扫描运动。与此同时,照明光点在条码符号上的反射光通过旋转棱镜的镜面,经半反透镜面反射,经过会聚透镜后汇聚在光电探测器上。在这个扫描结构中,激光的扫描光束未经过接收光的透镜系统,有激光光束细窄、光能集中的特点。但在透镜系统外,激光光束和接收系统的光轴保持重合,这样就保证了激光的照明点就是探测器的接收点。

　　手持激光扫描器的扫描装置一般用摆镜代替棱镜,在内部震动线圈的驱动下摆动,实现扫描。超市中常见的全向激光扫描器一般采用旋转棱镜扫描和全息扫描两种方案。这两种扫描方式都能实现多个方向、多个位置的扫描。

　　全息扫描的原理更加新颖,其扫描装置为一个旋转的全息盘,这种全息盘代替了上面的旋转棱镜。图 3-5 为反射式全息扫描装置的结构示意图。

　　全息扫描基本过程为:激光束射到全息盘,旋转的全息盘实现光束扫描,然后扫描线扫过条码符号,最后反射光信号返回全息盘,通过全息透镜汇聚到光电探测器上。

　　在该全息盘上,有多达 20 个扫描透镜,加上和多个平面反射镜的配对,能发出多达 100 条扫描光线。经过设计,可在多个距离上实现多方向多线扫描。全息扫描装置具有结构紧凑、可靠性高和造价低廉等显著优点。

第 3 章 二维码识读技术

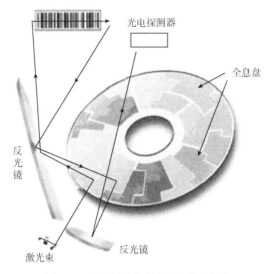

图 3-5 反射式全息扫描装置结构示意图

3.3 二维码数字图像处理

识读器获取的二维码图像难免会出现失真、倾斜、光照不均等问题,为解决上述问题,需要采用二维码数字图像处理技术,将这些问题给条码识读带来的影响降到最低,提高识读效率。二维码数字图像处理通常需要以下几个过程:灰度化处理、中值滤波、边缘提取、Hough 变化、纠正失真和图像二值化等。

3.3.1 灰度化处理

将彩色图像转化成为灰度图像的过程称为灰度化处理。彩色图像的每个像素的颜色由 R(红)、G(绿)、B(蓝)三个分量决定,每个分量有 256 个取值,一个像素点可以有 16777216(256×256×256)种颜色的变化范围。灰度图像是 R、G、B 三个分量相同的一种特殊图像,其一个像素点的变化范围为 256 种。在数字图像处理中一般先将各种格式的图像转变成灰度图像,以减少后续的图像处理计算量。灰度图像与彩色图像一样,仍然反映了图像的整体和局部的色度与亮度等级的分布和特征。图像灰度化处理可用 2 种方法来实现：

①求出每个像素点的 R、G、B 三个分量的平均值，然后将这个平均值赋给这个像素的三个分量。

②YUV（亮度、色度、色温）颜色空间中，Y 分量的物理意义是点的亮度，该值反映亮度等级，根据 RGB 和 YUV 颜色空间的变换关系可建立亮度 Y 与 R、G、B 三个颜色分量的对应关系（$Y=0.3R+0.59G+0.11B$），以这个亮度值表示图像的灰度值。

3.3.2 中值滤波

二维码图像采集过程中往往受到各种噪声的干扰，这些噪声在图像上常常表现为一些孤立像素点。这种干扰或孤立像素点如不经过滤波处理，会对以后的图像区域分割、分析和判断带来影响。

对受到噪声污染的图像，可以采用线性滤波的方法处理，但是很多线性滤波在去噪声的同时使边缘模糊了。中值滤波是一种非线性的去除噪声方法，在某些情况下可以做到既消除噪声又保护图像的边缘。

中值滤波的实现原理是把数字图像中的点的值用该点所在区域的各个点的值的中值代替，中值的定义如下：

一组数 $X_1, X_2, X_3, \cdots, X_n$，假设其排序为：

$$X_{i1} \leqslant X_{i2} \leqslant X_{i3} \leqslant \cdots \leqslant X_{in}$$

则

$$Y = \mathrm{Med}\{X_1, X_2, X_3, \cdots, X_n\} = \begin{cases} X_i\left(\dfrac{n+1}{2}\right) & n\text{ 为奇数} \\ X_i\left(\dfrac{n}{2}\right) + X_i\left(\dfrac{n+1}{2}\right) & n\text{ 为偶数} \end{cases}$$

称 Y 为 $X_1, X_2, X_3, \cdots, X_n$ 的中值。

如有一个序列（10,20,30,40,50,60,70），则中值为 40。

把点所在的特定长度或形状的区域称为窗口。在一维情况下，中值滤波器是一个奇数个像素点的滑动窗口，窗口正中间的值用窗口内各个像素的中值代替。设输入为 $\{X_i, i \in I^2\}$，I^2 代表滤波模板（含有若干个点的滑动窗口），则滤波器的输出为：

$$Y = \text{Med}\{X_i\} = \text{Med}\{X_{i-u},\cdots,X_u,\cdots,X_{i+u}\}$$

推广到二维,则可以定义输出为:

$$Y = \text{Med}\{X_{ij}\} = \text{Med}\{X_{|i+s|,|j+s|}(r,s) \in A, (I,j) \in I^2\}$$

二维中值滤波器的窗口形状有多种,常用的有方形、十字形、菱形、圆形等,见图3-6。组合使用图3-6中的窗口和图3-7中的线性窗口W_k可以得到高阶中值滤波器,这种滤波器可以用下式来表示:

$$g(m,n) = \underset{k}{\text{Max}}\{\underset{W_k}{\text{Med}}\{X_{ij}\}\}$$

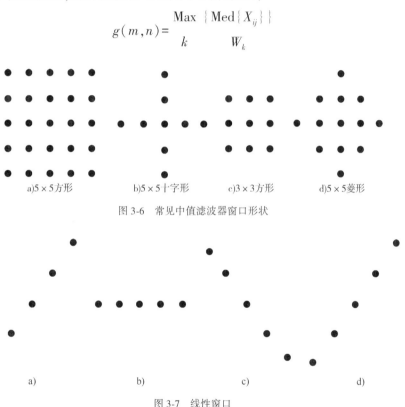

a) 5×5 方形 b) 5×5 十字形 c) 3×3 方形 d) 5×5 菱形

图3-6 常见中值滤波器窗口形状

a)   b)   c)   d)

图3-7 线性窗口

二维中值滤波器的窗口形状和尺寸对滤波效果影响较大。根据不同的图像内容和不同的应用要求,往往采用不同的窗口形状和尺寸。在实际图像处理应用中,窗口尺寸一般先用3点,再取5点,逐点增多,直到能够得到满意的滤波效果为止。就一般经验来讲,对于有缓慢变化的较长轮廓线的图像,在实际使用中设定的窗口大小不能超过图像中基元的尺寸,否则中值滤波后图像将丢失细小的集合特征和边缘信息。

3.3.3 边缘提取

边缘是图像的最基本特征。所谓边缘是指周围像素灰度有阶跃变化、屋顶变化或线性变化的像素集合。光照的变化可以显著影响一个图像区域的外观、反射率等，但是不会改变它的边缘。边缘与图像中物体的边界有关，反映的是图像灰度的不连续性。

常见的图像边缘有 3 种。第一种是阶梯形边缘(Step-edge)，即从一个灰度迅速过渡到另一个灰度。第二种是屋顶形边缘(Roof-edge)，灰度慢慢增加到一定程度然后慢慢减少。第三种是线性边缘(Line-edge)，灰度从一个级别跳到另一个灰度级别之后回到原来级别。

边缘在边界检测、图像分割、模式识别、机器视觉等中有很重要的作用。边缘是边界检测的重要基础，也是外形检测的基础。边缘广泛存在于物体与背景之间、物体与物体之间、基元与基元之间，它是图像分割所依赖的重要特征。

边缘检测对于物体的识别很重要。主要原因如下：①人眼通过追踪未知物体的轮廓(轮廓是由一段段的边缘片段组成的)而扫视一个未知的物体；②如果能够得到图像的轮廓，图像分析就会大大简化，图像识别就会容易很多；③很多图像并没有具有的物体轮廓，对这些图像的理解取决于它们的纹理性质，而提取这些纹理性质与边缘检测有极其密切的关系，边缘提取是通过边缘检测实现的。

边缘检测的方法主要有以下几种：

①检测梯度的最大值。图像灰度变化比较大的地方，就是函数梯度较大的地方。还有一种比较直观的方法是利用当前像素领域中的一些像素值拟合一个曲面，然后求这个连续曲面在当前像素处的梯度。从统计角度来说，可以通过回归分析得到一个曲面，然后进行梯度求取。

②检测二阶导数的零值点。这是因为边缘处的梯度取得最大值(正的或者负的)，也就是说灰度图像的拐点是边缘。由数学分析可知，拐点处函数的二阶导数是 0。

③小波多尺度边缘检测。对原始图像进行小波变换后，图像边缘部分将集中在高频子图中，可以很容易地进行检测提取。

④统计型方法。

3.3.4 Hough 变换

Hough 变换是利用图像全局特性直接检测目标轮廓,将边缘像素连接起来组成封闭边界的一种常见方法。Hough 变换应用很广泛,也有很多改进算法。

Hough 变换检测直线的原理是:假设有与原点距离为 s、方向角为 θ 的一条直线,如图 3-8 所示。

直线上每一点都满足方程:

$$s = x\cos\theta + y\sin\theta \tag{3-1}$$

基于此,可以找出某条直线来。下面利用 Hough 变换找出图 3-9 中最长的直线。

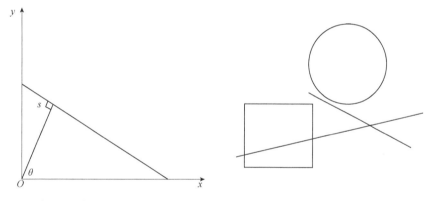

图 3-8 与原点距离为 s、方向角为 θ 的一条直线　　图 3-9 原图

建立一个二维数组作为计数器,第一维是角度 θ,第二维是距离 s。先计算可能出现的最大距离 $\sqrt{w^2+h^2}$,用来确定数组第二维的大小,其中,w 为图像的宽,h 为图像的高。对于每一个黑色点,角度的变化范围为 0°～178°(为了减少存储空间和计算时间,角度每次增加 2°而不是 1°),按式(3-1)求出对应的距离 s,相应的数组元素 $[s][\theta]$ 加 1。同时,建立一个数组 Line,计算并保存每条直线的上、下两个端点。所有的像素都计算完毕后,找到数组元素中距离最大(即最长)的那条直线。直线的端点可以在 Line 中找到。

在直线的两个端点之间连一条粗直线,如图 3-10 所示。

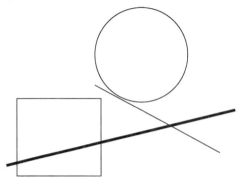

图 3-10 Hough 变换的结果

对采集到的二维码图像做 Hough 变换可以定位图像中的直线。可以把二维码符号的边缘看成是 4 条直线。因为 Hough 变换的运算时间较长,考虑到实际应用中对时间的要求,只对二维码图像的边缘做 Hough 变换。

3.3.5 纠正失真

采集到的二维码图像可能会出现偏转、失真的情况,因此在预处理过程中要把二维码旋转至水平并纠正失真。

在纠正失真的过程中,首先做空间变换,描述每个像素如何从原始位置移动到最终位置;同时还要进行灰度级插值,因为在一般情况下,输入图像的位置坐标为整数,而空间变换后图像的位置可能为非整数。

1) 空间变换

在大多数应用中,要求保持图像中曲线特征的连续性和各物体的连通性。一个约束较少的空间变换算法很可能会破坏图像原貌,从而使图像失真。可以逐点指定图像中每个像素的运动,但使用这种方法进行空间变换,即使对于尺寸较小的图像,也会非常麻烦。较方便的方法是用数学方法描述输入与输出图像之间的空间关系,一般的定义为:

$$g(x,y)=f(\dot{x},\dot{y})=f[a(x,y),b(x,y)]$$

式中:$f(\dot{x},\dot{y})$——输入图像;

$g(x,y)$——输出图像。

函数 $a(x,y)$、$b(x,y)$ 唯一地描述了空间变换,若它们是连续的,其连通关系将在图像中得到保留。

2) 灰度级插值

在将二维码灰度图像旋转角度 θ 时,图像中每个像素的坐标值都发生变化。数字图像的坐标值是整数,经过这些变换运算之后的坐标不一定是整数,因此要对变化之后的整数坐标值的像素值进行估计,除了空间变换本身的算法运算,还需要做灰度级插值的运算。

最简单的插值方法是零阶插值,或称为最邻近插值,即输出像素的灰度值等于离它所映射的位置最近的输入像素的灰度值。最邻近插值的计算十分简单,运算量非常小,在许多情况下其结果可令人接受。然而,最邻近插值的频域特性不好,从 Fourier 谱上可以看出,它与理想低通滤波器的性质相差很大,当图像含有精细内容也就是高频分量时,用这种方法实现倍数放大处理后,图像中将出现块状效应。

双线性插值是另一种线性插值,也称为一阶插值,可得到更加令人满意的效果,只是程序较为复杂,运算时间稍长一些。双线性插值的输出像素值是它在输入图像中 2×2 邻域采样点的平均值,它根据某像素周围 4 个像素的灰度值在水平和垂直方向上插值。

使用最邻近插值或者双线性插值,图像的细节产生块状效应或者退化,会给后续的条码图像基本模块边界的读取带来不良影响,因此在二维码图像处理中常用高阶插值。

3.3.6 图像二值化

图像二值化是通过选取适当的阈值,将灰度级图像转化为可以反映图像整体和局部特征的黑白二值化图像。

在数字图像处理中,二值图像占有非常重要的地位,在实际的图像处理中尤其重要。一方面,有些图像本身就是二值的;另一方面,在某些情况下,即使图像本身是灰度的,为了处理和识别的需要,也要将它转化为二值图像后再进行处理。二值图像具有存储空间小、处理速度快等特点。更重要的是,在二维码图像处理和识别过程中,通过二值图像可以比较容易地获取目标区域的几何特征和其他特征,比如描述目标区域的边界、目标区域的位置和大小等特征的信息。在二值图像的基础上,还可以进一步对图像进行处理,获取目标的更多特征,从而为进一步的图像分析和识别奠定基础。

计算机视觉中的图像识别包括目标检测、特征提取和目标识别等,都依赖于图像分隔的质量。尽管研究人员提出了许多分隔算法,但到目前为止还不存在一种通用的方法。

图像阈值分隔是一种广泛使用的基于空间域聚类分析的区域分隔技术。它把图像中具有特殊含义的不同区域分开来,这些区域是互不相交的,每一个区域满足特定区域的一致性,利用图像中要提取的目标和背景在灰度特性上的差异,选择一个合适的阈值,通过判断图像中的每一个像素点是否满足阈值要求来确定图像中该像素点属于目标还是属于背景,从而产生相应的二值图像。

设(x,y)是二维数字图像的平面坐标,$f(x,y)$表示原始图像像素点,以一定的准则在$f(x,y)$中找到一个合适的灰度值作为阈值T。用T将图像分隔为两个部分:大于T的像素群和小于T的像素群。分隔后的图像$g(x,y)$由式(3-2)表示:

$$g(x,y)=\begin{cases}1, & f(x,y)\geq T\\ 0, & f(x,y)\leq T\end{cases} \quad (3-2)$$

从灰度变换的角度来看,其变换函数如图3-11 a)所示。此外,还可以采用两个阈值T_1和T_2,把目标部分窄的灰度范围当作1取出来,使目标的轮廓清晰,即:

$$g(x,y)=\begin{cases}1, & T_1\leq f(x,y)\leq T\\ 0, & 其他\end{cases}$$

其变换函数如图3-11 b)所示。

阈值T的选取是图像分隔技术的关键,现仅考虑对灰度图像做二值化处理。把所有值为1的像素集合作为要进一步处理的目标对象,把所有值为0的像素集合作为要进一步处理的目标对象的背景。当T过大时,则过多的目标点被误认为是背景,丢失了有效信息;当T过小时,又会增加很多虚假信息。

阈值法是一种简单有效的图像分隔方法,通过一个或者几个阈值将图像的灰度级分为几个部分,认为属于同一个部分的像素是同一个物体。阈值法的最大特点在于计算简单。

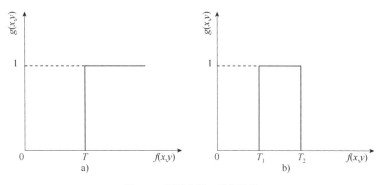

图 3-11 阈值分割二值化图像

阈值法分为全局阈值法和局部阈值法两种。全局阈值法指利用全局信息(例如整幅图像的灰度直方图)对整幅图像求出最优分隔阈值,可以是单阈值,也可以是多阈值。局部阈值法是把原始的整幅图像分为几个小的子图像,再对每个子图像应用全局阈值法分别求出最优分隔阈值。全局阈值法又可分为基于点的阈值法和基于区域的阈值法。阈值分隔法的结果很大程度上依赖于阈值的选择,因此该方法的关键是如何选择合适的阈值。

3.3.7 纠错译码

二维码识读解码得到的数据码字中可能含有错误信息,必须进行纠错译码以恢复编码时的原始信息。二维码中广泛采用 RS 纠错译码。下面对 RS 纠错译码技术进行说明。

RS 纠错译码可分为 3 步:第一步,由接收到的码组计算伴随式;第二步,由伴随式计算出错误图样;最后,由错误图样和接收码组计算出可能发送的码字。

设发送码多项式为 $C(X)$,接收码多项式为 $R(X)$,存储器系统错误模式多项式为 $E(X)$。则:

$$R(X) = C(X) + E(X)$$

设码的纠错能力为 t,存储器产生的实际错误个数为 $e \leq t$,故而在 $E(X)$ 中只有 E 项不为 0。假定这 E 项为 $Y_1 X_{11}, Y_2 X_{12}, \cdots, Y_e X_{1e}$,其他项为 0,则有:

$$E(X) = Y_1 X_{11} + Y_2 X_{12} + \cdots + Y_e X_{1e}$$

式中:$X_{11}, X_{12}, \cdots, X_{1e}$——错误位置数;

11,12,…,1e——错误位置；

$Y_1, Y_2, \cdots, Y_e$——相应位置的错误值。

译码的任务是从接收码多项式 $R(X)$ 求出错误位置数 $X_{11}, X_{12}, \cdots, X_{1e}$，和相应的错误值 $Y_1, Y_2, \cdots, Y_e$，再从 $R(X)$ 中减去 $E(X)$，则得出码字 $C(X)$ 的估值 $C_1(X)$，从而完成译码。

RS 纠错译码主要有时域译码和频域译码。时域译码通常采用 BM(Berlekamp-Massey)迭代算法或者欧式算法(Euclid's Algorithm)。下面介绍 BM 迭代算法的原理及实现。

时域上的 RS 纠错译码的关键在于求解错误位置多项式。1966 年，Berlekamp 提出了求解错误位置多项式的迭代译码算法，该方法简单且易于实现，极大地加快了求解错误位置多项式的速度，解决了 RS 纠错译码的应用问题。1969 年，Massey 指出了该算法与系列最短线性移位寄存器之间的关系，并进行了简化。因此，此译码算法被称为 BM 迭代算法。

如果已经由接收码组求出了伴随式 $S = [S_1, S_2, \cdots, S_{2t}]$，其中，$t$ 为 RS 纠错译码的纠错距离，记作：

$$S(x) = 1 + S_1 x + S_2 x^2 + \cdots + S_{2t} x^{2t}$$

错误位置多项式 $\sigma(x) = 1 + \sigma_1 x + \sigma_2 x^2 + \cdots + \sigma_t x^t$。

令 $S(x)\sigma(x) = \omega(x)$，经推导，有下列关系：

$$S(x)\sigma(x) = \omega(x) \mod(x^{2t+1}) \tag{3-3}$$

上式即为求解错误位置多项式的关键方程，且 $\partial°\overline{\omega}(x) \leq \partial°\sigma(x)$，因此 $S(x)\sigma(x)$ 的最高次数不会大于 $2t$。在上式中，$S(x)$ 是已知的，因此可以利用上式进行迭代。首先，设定 $\omega(x)$ 和 $\sigma(x)$ 的初始值，然后以此初始值表示下一次迭代的结果，并使得下一迭代结果的次数不减，如此反复迭代，求出满足式(3-3)的方程即可。由于每一次迭代都使得 $\sigma(x)$ 和 $\omega(x)$ 的次数不减，故迭代至第 j 步时，应有：

$$S(x)\sigma'(x) = \omega'(x) \mod(x^{2t+1}) \tag{3-4}$$

通常，满足式(3-4)的每一步迭代都不是唯一的，因此必须对迭代过程加以条件限制。

在 m 进制无记忆离散对称信道中，如果信道转移概率 $p<1/m$，则信道产生错误个数少的可能性最大，即 $\sigma(x)$ 次数越低的可能性最大。故如果每一

次迭代都能保证求的$\sigma_j(x)$次数最低,且满足$\partial°\overline{\omega}(x) \leqslant \partial°\sigma(x)$,此时的译码结果就是满足译码错误概率最小的最大似然译码,并且此时的解是唯一的。

为了由第j步迭代结果表示第$j+1$步的迭代结果,定义$j+1$步和第j步的差值d_j,使$S(x)\sigma^j(x)=[\omega_j(x)+d_jx^{j+1}]\mod(x^{j+2})$成立,可求得:

$$d_j = S_{j+1} + \sum_{i=1}^{n} S_{j1i}\sigma_i^j \tag{3-5}$$

其中,σ_i^j是$\sigma^j(x)=1+\sigma_1x+\sigma_2x^2+\cdots+\sigma_tx^t$中$x^i$的系数,与式(3-3)相比,有:

$$\sigma^{j+1}(x) = \sigma^j(x) + d_jd_i^1x^{j+i}\sigma^i(x) \tag{3-6}$$

$$\sigma^{j+1}(x) = \omega^j(x) - d_jd_i^{-1}x^{j-i}\sigma^i(x) \tag{3-7}$$

其中,第i行是第j行前面的某一行,且满足$i - \partial°\sigma^i(x)$最大,这样能保证每次迭代总是使$\sigma(x)$的次数最小化。

令j分别取-1和0,得到两组初始值,利用式(3-5)求出d,再结合式(3-6)和式(3-7)即可得到下一步的结果。迭代步骤如下:

①赋初值:

$$\sigma^{-1}(x)=1, \omega^{-1}(x)=0, \partial°\sigma(x)=0, d_{-1}=1 \tag{3-8}$$

$$\sigma^0(x)=1, \omega^0(x)=1, \partial°\sigma(x)=0$$

②由式(3-5)求出d_j,如果d_j为0,有:

$$\sigma^{j+1}(x) = \sigma^j(x), \omega^{j+1}(x) = \omega^j(x)$$

否则,由式(3-7)和式(3-8)求出$\sigma^{j+1}(x)$、$\omega^{j+1}(x)$,然后进行下一次迭代。

第4章 二维码印制技术

二维码印制是将二维码符号印制到标签、卡证等物理载体的过程,是二维码技术应用中的一个重要环节。

二维码印制技术主要包括热敏/热转印技术、喷墨印制技术、激光蚀刻技术和针式印制技术。在制作二维条码时,应根据不同的二维条码载体采用不同的印制技术。

4.1 二维码印制

4.1.1 热敏技术、热转印技术

热敏技术和热转印技术是两种互为补充的技术,现在市场上绝大多数条码打印机都兼容热敏和热转印两种工作方式。两者工作原理基本相似,都是通过加热方式进行打印。

4.1.1.1 热敏技术原理及特点

在热敏打印中,印制的对象是热敏纸。热敏纸是在普通纸上覆盖一层透明薄膜,此薄膜在常温下不会发生任何变化,但随着温度升高,薄膜层会发生化学反应,颜色由透明变成黑色,在200℃以上的高温下,这种反应在几十微秒中即可完成。

热敏打印机中,加热效应由热敏打印头中的电子加热器提供。电子加热器也叫热敏片,分厚膜型、薄膜型、半导体型三种,现在市场上多数为厚膜型。热敏片由多个长方形的小发热体横向排列组成,每个发热体实际是厚膜型热敏电阻,通电即可发热。每个发热体的横向宽度一般是 $0.1\sim0.2$ mm,可以通过驱动电路分别控制。除热敏片外,热敏头还包括驱动电路、选通电路、锁存电路等。热敏打印机通过微处理器控制热敏头,使其根据微处理器

提供的数据,通过驱动电路有选择地控制各加热点的通断,各加热点与热敏纸接触,使热敏纸表面得到加热;同时,控制进纸机构,改变加热点与热敏纸接触的位置,即可按存储器中的点阵数据形成所需的图形。

4.1.1.2 热转印技术原理及特点

为克服热敏技术的局限性,得到可长期保存的条码标签,热转印技术应运而生。热转印技术是热传递理论与烫印技术相结合的产物,在打印头控制方面与热敏打印技术基本相似,只是将与热敏片接触的对象换成了热转印色带。在根据热转印技术制造的热转印条码打印机中,最常见的是熔解型热转印条码打印机。这种打码机采用热熔性色带,采用聚酯薄膜作为带基,表面涂蜡质固体油墨。印制时,微处理器控制热敏头中的发热体加热,从而使薄膜色带上的热熔性油墨熔化,进而转印到普通纸张上,形成可长期保留的图形。由于热转印技术通过色带进行印制,因此其对承印物的要求较低,选择不同的色带可以实现在各种承印物上印制。

4.1.2 喷墨印制技术

喷墨打印机是由计算机控制的自动化打印设备,其打印数据传输控制过程与针式打印机类似。按照喷墨头工作方式,喷墨打印机可以分为压电喷墨和热喷墨两大类型。

4.1.3 激光蚀刻技术

激光蚀刻技术通常用于在金属版面、半导体版面上印制二维码。激光蚀刻技术的印制载体比较特殊,一般采用专用的激光设备,目前主要应用于电子、军事领域。

4.1.4 针式印制技术

针式印制技术通常用于在金属表面上印制二维码,采用直接标印的方式实现。通常,这样印制的条码叫金属条码。

4.1.5 各种二维码印制技术的对比

各二维码印制技术的对比见表4-1。

各种二维码印制技术对比 表 4-1

印制方式	印制原理	印制质量	印制速度	分辨率	复杂度	成本	环境适应性
针式印制	靠打印针的机械击打作用,将色带上的染料转印到打印纸上	较差	慢	中	复杂	低	一般
喷墨印制	喷墨头将墨滴喷到打印纸上形成像素点,组成画面	较好	慢	低	复杂	高	一般
激光蚀刻	经过数据信号调制过的激光束在充电的感光鼓上扫描,形成静电潜像,静电潜像吸附墨粉,然后将墨粉转印到打印纸上形成图形	好	快	高	复杂	高	一般
热转印	利用打印介质受热时的物理或化学变化,使打印介质变色,形成图形	好	快	高	简单	较高	强

通过上表可以看出,与其他印制方式相比,热转印方式具有分辨率高、打印质量好、打印速度快、操作简便、成本低廉、维护简单、可使用多种打印介质等优点,是条码印制的最理想方式。

4.2 二维码印制设备

二维码印制设备包括点阵打印机、激光打印机、热敏/热转印打印机、喷墨打印机、激光喷码机等。

4.2.1 点阵打印机

点阵打印机有以下优点:

①点阵打印机和耗材成本较低。

②对纸张要求不高。点阵打印机不像激光打印机那样对纸的克数和质量要求很严,也不像热敏打印机那样要求使用特制的热敏打印纸,一般纸张(包括不干胶纸)都可用于点阵打印机。

③方便、灵活,适合小批量印制。

但点阵打印机打印的条码符号质量较差,识读率较低,精度不高,只能打印出中、低密度的条码符号。

4.2.2 激光打印机

激光打印机是利用图形感应半导体表面上充电荷的原理设计的。此表面对光学图像产生反应，并在所指定区域上放电，由此产生一幅静电图像；然后，使图像与着色材料(碳粉)接触，使着色材料有选择地被吸附到静电图像上，再转印到普通纸上。激光打印机点的分辨率通常是 12~16 点/mm，适合高、中密度条码印制。

激光打印机的条码精度高，速度快，而且噪声小，是条码印制中较理想的打印机，但价格和打印成本较高。不过随着价格不断降低，激光打印机将会得到越来越多的应用。

需要指出的是，用激光打印机打印较小的不干胶标签时要注意防止标签脱落而损坏硒鼓。

4.2.3 热敏打印机、热转印打印机

热敏打印机和热转印打印机是两种专用条码打印机，俗称打码机。热敏打印和热转印打印是两种互为补充的技术，现在市场上绝大多数条码打印机都兼容热敏和热转印两种工作方式。两者工作原理基本相似，都是通过加热方式进行打印。热敏/热转印打印机见图4-1。

图 4-1 热敏/热转印打印机

4.2.3.1 热敏打印机的结构及工作原理

热敏打印机具有结构简单、体积小、成本低等优点。但是,由于热敏打印机采用特殊的热敏纸进行打印,热敏纸受热或暴露在阳光下易变色的特点使其不易保存,因此,热敏打印机一般用于在室内环境中打印临时标签的场合,如零售业的付货凭证、超市的结账单、证券公司的交易单等。

通常以热敏打印机打印时的进纸速度作为评定指标。标签格式经优化后,打印速度可以大大加快。由于热敏打印过程较简单,因而可制成电池驱动的手提式热敏打印机。

热敏打印机主要由以下几部分组成:

①电路部分:电源、中央处理器及外围电路,步进电机驱动电路,打印头控制、驱动及保护电路,状态检测电路,键盘输入及液晶显示电路,串行及并行通信电路等。

②机械部分:机壳机架,打印头安装部分,走纸机构等。

热敏打印机工作流程如下:

①使用者在计算机上通过编辑软件编辑条码标签的内容。

②条码标签的内容通过驱动程序转换为条码打印机的专用命令,通过并行口或串行口发给条码打印机。

③条码打印机内的微处理器接收到命令后,根据相应的命令及命令中的各项参数生成条码、字符、汉字、图形等的点阵数据,并根据其位置坐标放入数据存储中相应的位置。

④整个标签的点阵数据编辑完成后,根据接收到的打印任务开始打印。

⑤微处理器向打印头送1行数据。

⑥数据锁存。

⑦微处理器根据打印灰度值给热敏片通电加热。

⑧微处理器驱动步进电机向前走1行纸。

⑨重复第⑤~第⑧步,直到整个标签打印完成,检测电路检测到标签的边缘。

⑩如需打印多个标签,重复以上步骤,直到全部标签打印完成。

4.2.3.2 热转印打印机的结构及工作原理

在热敏打印机的基础上发展出了热转印打印机,例如 DATAMAX 4206/4308、ZEBRA 90/130/220、INTERMEC 8646-TTR 以及 Soabar SPX-370 等。热转印打印机是一种非接触式打印的计算机外设硬输出设备,其结构与热敏式条码打印机的结构基本相同,只是增加了色带机构及控制部分。相对于热敏打印机,热转印打印机的电路和机械部分都更加复杂。热转印打印机的执行部件与热敏打印机相同或相似,但它使用的是热敏碳带。执行打印操作时,通过对加热元件相应点进行加热,使碳带上的颜色转印在普通纸上,形成文字或图形。

热转印打印机的原理是计算机驱动半导体电热头或激光将热量传递到支持体的成像材料上,使成像材料热熔融而转移到受像介质上,形成文字和图像。热转印成像材料涂布在带基上,称为热转印碳带或热转印色带。以热转印方式打印,可以通过选择合适的材料,达到抗刮、抗高温、抗磨切甚至抗溶剂等要求。热转印打印机适用于打印需长期保存、不褪色、不因接触溶剂而磨损、不因温度较高而变形变色的二维码标签。

4.2.4 喷墨打印机

喷墨打印机适合用于现场印制,利用计算机编程可将各种符号、图案和条码混合印制,具有印制方便、灵活等特点。

4.2.5 激光喷码机

激光喷码机相对于油墨喷码机,有不可比拟的优势:标码质量高;可重复性强;标码持久稳定;防伪性能好;标码时无须接触产品;处理过程洁净干燥;不需要其他标码技术所需的消耗品,如油墨、溶剂、箔片及模板等,非常环保;可标码高解像度图案;定位精度高;高速标码,高线速处理;可对移动的或不移动的产品(类似喷墨打印)进行标码;条码生成过程灵活;可用于全自动化和准时制造系统;可大大降低不合格率;减少停机时间;保养成本和运营成本低,经济实用;通常情况下,不需要另外加装流水线,很容易和现有的生产线匹配;在喷码刻标过程中,产品在生产线上不停地流动,极大地提高了生产效率,适应工业生产的要求。

激光可以形成极细的光束,在材料表面的最细线宽可以达到0.1mm。激光喷码机喷印的是一个无法擦除的永久性标记,通过激光直接使物体表面瞬间气化而形成,不需要借助任何辅助工具即可肉眼分辨,便于识别,且无耗材,维护方便。

激光喷码机基本覆盖了喷墨机的全部应用范围,目前广泛应用于烟草、生物制药、酒业、食品饮料、保健品、电子、汽车零件、制卡、服饰配件、建筑材料等领域。图4-2是激光喷码机在制药业中的应用,利用激光喷码突出了产品的特色和品牌的差异性,提升了产品在市场中的竞争能力,缩短了产品升级换代周期,为柔性生产提供了有力的支撑。激光喷码机还可同时在不同材料上或不规则凹凸表面上产生清晰的标识,具有"一打双标"或"骑缝标识"的独特功能,不易仿制。目前激光喷码机的应用呈迅速扩大的趋势。纵观发达国家的使用情况,激光喷码已是大势所趋。

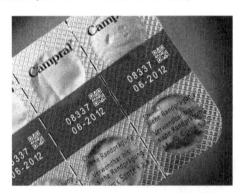

图4-2 激光喷码机在制药业中的应用

激光喷码技术的局限性在于:不是所有的材料都适合用系统设定的激光类型进行标码;激光喷码的对比度比油墨标码的对比度低;调色板受到限制;不能直接产生红色、绿色和蓝色;不能直接进行多色彩标码;需要排气系统和激光保护罩;激光喷码机的投资成本高。

4.3 二维码印制设备的选择

选择二维码印制设备时,需要考虑印制载体、印制宽度、印制速度、印制密度等因素。

4.3.1 印制载体

通常把用于直接印制条码符号的物体叫印制载体。常见的印制载体有普通白纸、瓦楞纸、铜版纸、不干胶签纸、纸板、木制品、布带(缎带)、塑料制品和金属制品等。

由于条码印刷品的光学特性及尺寸精度直接影响扫描识读,选择印刷载体时应严格注意以下方面:

①材料的反射特性和映性。光滑或镜面式的表面会产生镜面反射,一般避免使用产生镜面反射的载体。对于透明或半透明的载体,要考虑透射对反射率的影响。应特别注意个别纸张漏光对反射率的影响。

②从保持印刷品尺寸精度方面考虑,应选用耐气候变化、受力后尺寸稳定、着色牢度好、油墨扩散适中、渗洇性弱、平滑度和光洁度好的材料。载体为纸张时,可选用铜版纸、胶版纸、白板纸。载体为塑料时,可选用双向拉伸丙烯膜或符合要求的其他塑料膜。由于聚乙烯膜没有极性基团,着色力差,使用时应进行表面处理以保证条码符号的印刷牢度。同时要注意印制品的塑性形变问题。对于透明的塑料,印刷时应先印底色。瓦楞纸板表面不够光滑,纸张吸收油墨的渗洇性不一样,印刷时出现偏差的可能性大,常采用预印后粘贴的方法。载体为金属材料时,可选用马口铁、铝箔等。

在铜版纸介质、热敏纸介质或塑料薄膜等材质上印制条码标签,宜采用热敏/热转印打印机;在热敏纸介质上印制条码标签,宜采用热敏打印机;在喷漆金属标牌上印制条码标签,宜采用喷墨打印机;在金属表面印制条码时,宜采用点阵打印机或激光喷码机;在半导体或其他电子器件上印制条码,宜采用激光喷码机。

4.3.2 印制宽度

目前市场上有2英寸、3英寸、4英寸、6英寸、10英寸等各种宽度的条码印制机,有的用户以为选择印制范围宽的条码印制机,既能满足宽标签的印制要求,又能满足窄标签的需要,因而选择了宽的条码印制机。但是经过一段时间的使用发现热印头经常损坏,造成使用成本增加,这是机型选择不当造成的。因为每台印制机的热印头都有很多加热头,宽度越宽则加热头越多,损坏概率也就越大。而且热印头表面有一层珐琅质薄膜,当满宽度使用时,热印头整个宽度有碳带保护,压纸胶辊不会直接摩擦珐琅质薄膜,热印头寿命就比较长;而当用宽的热印头印制窄标签时,碳带宽度一般按标签尺寸配置,比较窄,压纸胶辊会直接摩擦热印头的珐琅质薄膜,使珐琅质薄膜和加热头磨损,造成热印头损坏。

4.3.3　印制速度

影响印制速度的因素有:计算机向印制设备发送数据的传输速率;印制设备的图形处理速率;在纸面上形成图形的加热头加热速度。在选择印制速度时,既要考虑数据传输速度,又要考虑被印介质的特性。例如热敏纸所需热量较大,其印制速度以 2~3 英寸/s 为最佳。而印制数据较多的标签时,还要考虑接口种类和数据传输速度。某些型号的条码印制机内部有各种条码库、矢量汉字库和平滑处理的英文、数字库,热印头采用热履历控制技术,从而使其数据传输量少,保证印制速度。

4.3.4　印制密度

印制密度是单位长度内的热印头加热头数。因此,同样印制宽度内,印制密度越高,加热点越多。这虽然提高了印细线的能力,但也加大了热印头损坏的概率,只要有一个加热点损坏,机器就不能正常工作。因而,用户应根据印制图形的需要选择适当的印制密度。

此外,目前最普及、价廉的扫描识读设备的分辨率大多为 0.125mm,因而,采用 8 点/mm(每点为 0.125mm)的条码印制机是最经济实用的选择。除以上指标外,设备的编辑能力、与计算机的接口、机器内部条码库、字库种类、设备内存、自检报警能力等也都是必须考虑的指标。

第5章 二维码质量检测技术

二维码质量检测技术主要针对在二维码印制过程中出现的漏印、误印、印刷位置偏移、黑白拉线等问题,运用图像处理及模板匹配算法对二维码进行缺陷检测,实现对二维码印刷品中出现的二维码图像漏印、误印、印刷位置偏移、黑白拉线等印刷问题的识别,检测出二维码在印制中出现的印品质量问题。二维码质量检测必须符合现行《二维条码符号印制质量的检验》(GB/T 23704)的相关要求。

以 4.0~0.0 表示二维码符号由高到低的质量等级,4代表最高等级,0 为失败等级,质量等级为各次扫描所获等级的算术平均值,保留一位小数。符号的质量等级亦可用字母 A、B、C、D、F 表示,F 表示失败等级,字母符号等级和数字符号等级的关系见图 5-1。例如,数字符号等级值域在[1.5,2.5]区间时,对应的字母符号等级为 C。

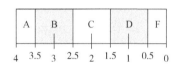

图 5-1 字母符号等级和数字符号等级关系图

二维码可分为行排式(堆积式)和矩阵式。行排式二维码符号是由一系列行垂直排列形成的矩形符号,以表示一整段数据信息,其中每行由表示数据和前缀部分的符号字符构成。每个符号字符具有一维条码符号字符的特征,每行也具有一维条码符号字符的特征。因此,可以通过一维扫描技术进行逐行识读,在符号中所有行的数据都识读完毕后,其所包含的整段信息才被传送到应用软件。

矩阵式二维码符号通常是由深色、浅色模块构成的矩形符号,模块的中心位于网格的交点。为了识读矩阵式二维码符号,需要知道每个模块的坐标,在译码前应以二维的方式对符号进行分析。点码是矩阵式二维码的一个子集,点码的单个模块和其他邻近的模块不直接相接,它们之间用空格分开。

在实际应用中,使用条件和识读设备类型不同,可接受的二维码符号质量等级也不同。为了客观评价二维码符号的质量,设备制造商、符号印制者和使用者等相关方需要一个共同的测试规范(包括进行质量检测时应控制的检测条件)作为开发设备、制订应用标准和检测符号质量的依据。

现行《二维条码符号印制质量的检验》(GB/T 23704)可作为各相关方在设备开发、符号制作过程中进行质量控制和质量评价的基础。现行《信息技术 自动识别与数据采集技术 条码检测仪一致性规范 第1部分:一维条码》(GB/T 26228.1)和《信息技术 自动识别与数据采集技术 条码检测仪一致性规范 第2部分:二维条码》(GB/T 26228.2)可用于确定检测设备的性能。

进行二维码印制符号的质量检验时,检测条件决定性地影响着检验结论,印制符号的质量等级与检测的光照条件、孔径相关;也与测量光的入射角度有关,测量光入射角的缺省值为45°,否则入射角度应包含在符号等级的表示中,除45°外,还可选用30°和90°的照明角度。检验条件不同会导致检验结论的不同。曾有研究人员做过比较,以波长为633nm测得的反射率作为参照,如果用波长660nm或680nm的光测量,结果会有很大差别,进而可能影响符号等级。

在对印制的二维码符号进行质量检验时,注意将实际检测条件调整到与预定检测条件吻合,尽可能减小检测条件和检测过程对符号等级的影响。根据现行《二维条码符号印制质量的检验》(GB/T 23704)的要求,每份检验报告中二维码表示形式为"等级/孔径/测量光波长/角度",这极为清晰地表明印刷符号的质量等级与这些测试条件相关。其中,"孔径"是孔径标号,它以千分之一英寸为单位并取整数;"测量光波长"为窄带照明光源峰值波长,若为宽带照明光源(白光),用字母W表示,此时应规定此照明的光谱响应特性,或给出光源的规格。对于矩阵式二维码符号,在"等级"后加星号表示符号周围存在反射率极值,可能干扰符号的识读。

【例1】 2.8/05/660表示符号等级为2.8,使用的孔径为0.125mm(孔径标号05),测量光波长为660nm,入射角为45°。

【例2】 2.8/W/30表示符号设计用于在宽带光条件下进行识读,入射角为30°,孔径为0.250mm(孔径标号10)。此时,需给出测量用光谱的特性或特性的应用标准。

第5章 二维码质量检测技术

【例3】 2.8*/10/670 表示符号等级是在孔径为 0.250mm(孔径标号 10)、光源波长 670nm 情况下测量的,"*"表示符号周围存在具有干扰作用的极端反射率值。

检测二维码符号印制质量时,对规定的参数进行测量,对测量值分级得出单次扫描的等级,对多次扫描的等级进行算术平均得出符号等级。检测二维码符号,除了可获得符号质量等级用于符号的质量判定和过程控制,还可用于预测在不同使用环境中的识读性能。

目前,在二维码符号制作的不同阶段,评价条码符号质量的方法有多种。现行《二维条码符号印制质量的检验》(GB/T 23704)给出了一个在二维码符号制作后进行质量评估的标准化手段,但这一通用手段不替代现有的其他质量控制方法。适当时,有必要根据适用的码制规范需要,参考译码算法以及其他测量细则对该标准所描述的过程给予补充,也可用强制性的码制规范和应用标准对这些过程进行变更或替代。

为更好地检测、评价二维码符号的印刷质量,有必要预先确定可接受的样本抽样方案。可采用现行《计数抽样检验程序 第1部分:按接收质量限(AQL)检索的逐批检验抽样计划》(GB/T 2828.1)或《计量抽样检验程序 第1部分:按接收质量限(AQL)检索的对单一质量特性和单个 AQL 的逐批检验的一次抽样方案》(GB/T 6378.1)中适当的抽样方案。适宜的抽样方案对检验结论非常重要,应高度重视抽样方案的选择和有效执行,尊重由此获得的检验结论。

无论是行排式二维码还是矩阵式二维码的检测,都要求检测光在特性上与预定识读设备使用的光保持一致,以保证测量的有效性。为了最大限度地提高相关性,在二维码符号的检测过程中不仅要考虑光源,还要考虑可能影响光谱分布的各种滤光片以及探测器的光谱灵敏度。这是因为在一个给定的波长段,反射率是光发射强度和探测器接收灵敏度的函数。

在条码符号的扫描应用中,光源通常为在可见光谱或红外光谱中的窄带照明和覆盖大部分可见光谱的宽带照明。为了提高二维码符号质量评价的检测精度,有些设备将光谱中3个窄带波长(即红、绿和蓝的波长范围)的反射率测量结合起来,得到不同的宽带光源,并在每个波长上对检测结果进行修正,对应用中的光谱响应特性进行匹配,以拟合不同宽带光源的特性。

测量孔径的选择非常重要,必须根据标称模块尺寸的范围及预定的识读环境来选择。应当注意,测量孔径会限制可接受的疵点、污点的最大尺寸。孔径越大,可接受的疵点、污点尺寸越大,但孔径过大会造成识读模糊,调制比降低,导致符号译码失败。如果孔径过小,能识读的模块尺寸也偏小,不能消减污点或间隔的影响,也会导致等级降低或译码失败。因此,为使符号等级测量具有一致性,必须预测测量孔径对最小和最大模块尺寸的符号识读性能,并在使用者的应用标准中加以明确。通常,孔径大小应连同符号等级以及照明条件在测量结果中给出。

在选择孔径尺寸时,往往选择所允许的最小模块尺寸的 50%~80%。对于包括一系列标称模块尺寸(如 0.25~0.40mm)的应用,应确定一个可适用于它的测量孔径。例如,孔径大小被规定为最小模块宽度 0.25mm 的 80%,即 0.20mm,那么在此应用中,包括模块尺寸为 0.40mm 的所有符号都必须在 0.20mm 的孔径下测量。在应用中指定并使用唯一的测量孔径,不随意改动,可确保对所有符号使用统一的测量条件,大大减小测量结果的误差和不确定度。默认的照明角度(45°)能很好地适用于印刷符号以及刻印在没有镜向反射的平整表面的符号。对于这些符号,在入射角或接收角变化时,其漫反射的光变化不大。为了使多数"直接刻印"的符号能达到最佳的识读性能,有时需适当调整入射角。因此,对于采用刻印方法生成的符号,入射光和接收光的角度比照明的光谱特性更重要。

在应用标准或应用要求中,最小可接受等级的确定应综合考虑印制成本、符号等级对应的设备识读性能以及数据完整性。识读率要求越高,符号质量等级就越高,在选择识读技术方面有更大余地,但这限制了符号生产商对印制技术的选择(排斥那些不能较好地控制印制点分布的技术和设备),也限制了油墨和载体的选择(如为增强符号反差,需要印刷基底具有高反射率、油墨具有低反射率),还需要控制印制速度、降低废品率,要求更高的质量管理水平,增加了生产成本。在对每年的条码市场调查和条码日常检测结果进行梳理、总结后发现,许多时候把应用要求的最低质量等级定为 1.5(C),相关人员认为这个等级在印制成本和识读性能之间很好地实现了平

第5章 二维码质量检测技术

衡。但是根据经验,二维码符号的印制者不宜满足于产品出厂前的符号等级刚好满足最低档次的使用要求,还应充分认识到这些印制品在包装、搬运、运输、装卸及使用等过程中可能遭受来自不同方向的程度不一的碰撞、摩擦、重压等造成的多重损伤,适当提高印制质量等级可以防止这些损伤影响二维码识读。

为了检验标准中规定的各项二维码质量检测参数,二维码质量检测仪器被研发出来,如德国 REA 公司的 REA MLV-2D 和 REA VeriCube 二维码质量检测仪、利用计算机视觉技术的 LVS9510 二维码质量检测仪。

REA MLV-2D 二维码质量检测仪(图 5-2)适合对矩阵式二维码按国际标准 ISO/IEC 15415 进行质量检测,能够按照预设的角度、距离和照明进行检测。测试结果显示在显示器上。

REA VeriCube 二维码质量检测仪(图 5-3)在工业领域经常使用。该设备基于高精度的 CMOS(互补金属氧化物半导体)摄像头芯片的光学模块,可选择红光或者白光,依据《Information technology—Automatic identification and data capture techniques—Bar code symbol print quality test specification—Two dimensional symbols》(ISO/IEC 15415)判定二维码质量。可以从侧倒、正立或从顶上到底端采集二维码图像。

图 5-2　REA MLV-2D 二维码质量检测仪　　图 5-3　REA VeriCube 二维码质量检测仪

LVS9510 二维码质量检测仪(图 5-4)是一款使用计算机视觉技术、配备分析软件的二维码质量检测仪,通过通用串行总线(USB)接口与计算机相

图 5-4　LVS9510 二维码质量检测仪

连,采用 500 万像素的高分辨率相机,实现条码的高分辨率检测。但该仪器在二维码质量检测过程中需要结合人工操作,操作过程较为烦琐。通过相机采集到二维码图像后,在采集到的二维码图像上拖动鼠标构造出一个矩形区域,确定二维码所在区域后才能进行质量检测。

QR 码与其他二维码相比具有识读速度快、数据密度大、占用空间小的优势,已经在移动终端、嵌入式系统、交通运输、食品药品以及生活消费支付等领域得到广泛应用。印制过程中,受到机械精度、生产工艺、操作失误等多方面因素的影响,印制品表面会出现不同类型的缺陷,主要包括漏印、误印、印制位置偏移、黑白拉线等。运用图像预处理及模板匹配算法对 QR 码进行缺陷识别,可实现对 QR 码印制品的漏印、误印、印刷位置偏移、黑白拉线等印刷问题的自动识别,从而解决了人工检测的不足。

5.1　图像处理关键技术

5.1.1　QR 码图像预处理

图像预处理是 QR 码图像识读过程的重要程序,直接关系到 QR 码识读的准确性和效率。采用数字图像处理的方法对采集的 QR 码图像进行预处理,能够在很大程度上改善图像歪斜、抖动、模糊、光照不均等情况。

QR 码图像预处理流程包括:选取加权均值法对所采集到的彩色图像进行灰度化处理;对得到灰度图像进行滤波和二值化,减少或消除噪声干扰;对二值化的灰度图像进行边缘检测;找出 QR 码的各编码的准确区域。

5.1.1.1　灰度化

在现实中,由相机等设备获取的二维码图像一般是彩色的,彩色图像在存储或者运算时会占用相当大的存储空间,从而使处理速度变慢,所以需要减少图像携带的信息量。灰度化是将彩色的图像处理成灰度图像的过程。灰度化可以使图片信息量减少，降低运算量，提高运算效率。通常情况下，灰度化可以用以下3种方法实现。

1) 均值法

将原始图像中所有像素点的红、绿、蓝三个通道的灰度值的算术平均数作为对应点的灰度值Gray，计算公式如下：

$$\text{Gray} = (R+G+B)/3 \tag{5-1}$$

2) 最大值法

将原始图像中所有像素点的红、绿、蓝三个通道的灰度值中的最大值作为对应点的灰度值，计算公式如下：

$$\text{Gray} = \text{Max}(R,G,B) \tag{5-2}$$

3) 加权平均值法

在计算红、绿、蓝三个通道的灰度值的均值，同时将每个值所占的权重也考虑进去，计算公式如下：

$$\text{Gray} = \frac{W_R R + W_G G + W_B B}{W_R + W_G + W_B} \tag{5-3}$$

式中：W_R、W_G、W_B——分别表示R、G、B的权重。

5.1.1.2 滤波

采集到的QR码图像在拍摄过程中会因受到某些干扰而含有噪声。该类噪声主要是因光学采集系统而产生的噪声，图像处理中常用均值滤波和中值滤波来减小或消除此类干扰。均值滤波虽能有效减少该类噪声干扰，但是它在减少噪声干扰的同时会钝化图像的边缘及尖锐的细节信息，并且所使用的模板尺寸越大，图像就越模糊，图像边缘及细节信息丢失也就越严重。与之相比，中值滤波的输出是由邻域像素点的中间值决定的，不仅能平滑图像和降噪，还可以比较好地保留边缘的锐度和图像的尖锐细节。因而，一般采用中值滤波。

中值滤波属于非线性处理技术，其基本原理是：首先以某个像素点为中心建立一个邻域，这个邻域又被叫作窗口，然后将窗口里包含的所有像素点的灰度值按大小顺序排列,并取中间位置上的值作为该中心像素点的新的灰度值,若有两个中间位置,则取这两个值的算术平均值。中值滤波前、后对比见图 5-5。

图 5-5　中值滤波前、后对比效果图

5.1.1.3　二值化

图像二值化是指将灰度化之后的图像的所有像素点划分成大于阈值的像素点集合、小于阈值的像素点集合两部分,使变换后的图像所有像素点的值是 255 或者 0。当进行图像二值化的操作之后,图像将显现出明显的黑白效果(图 5-6)。常用的二值化算法有全局阈值、局部阈值和自适应阈值三种。

图 5-6　二值化效果图

全局阈值算法相对简单,是对整个图像都采用一样的阈值进行分类处理。这种方法在图像具有十分明显的二值分化时效果最好;然而如果灰度图像的灰度直方图的波峰、波谷不够明显,采用此种方法效果就不太好。

局部阈值算法在计算时分区,对每个区域使用不同的阈值进行二值化处理,确定阈值时会通过对该区域和相邻区域的对比选取相应的阈值。但是当噪声比较大的时候,局部阈值算法的效果不是很好。

自适应阈值算法包含了全局阈值算法和局部阈值算法的优点。它的原理是依据图像每个局部的特征选择针对性的二值化算法。

5.1.1.4 边缘检测

边缘检测是针对图像边缘灰度的不连续变化对图像进行分割。较为先进的边缘检测算子为 Canny 算子。

Canny 算子的目标是找到一个最优的边缘检测算法。最优边缘检测的含义是:好的检测算法能够尽可能多地标识出图像中的实际边缘;标识出的边缘要与实际图像中的实际边缘尽可能接近;最小响应图像中的边缘只能标识 1 次,并且可能存在的图像噪声不应被标识为边缘。

为了满足上述要求,Canny 算子使用了变分法,这是一种寻找满足特定功能的函数的方法。最优检测用 4 个指数函数项的和表示,但是它非常近似于高斯函数的一阶导数。

Canny 算子求边缘点的具体步骤如下:

1) 高斯(Gaussian)滤波

高斯滤波是目前最流行的去噪滤波算法,其原理为根据待滤波的像素点及其邻域点的灰度值按照高斯公式生成的参数规则进行加权平均,这样可以有效滤去理想图像中叠加的高频噪声。

2) 计算梯度图像与角度图像

计算梯度图像就是用各种边缘检测算子进行梯度的检测。Canny 算子使用的梯度检测算子是使用高斯滤波器进行梯度计算得到的滤波器,距离中心点越近的像素点的权重越大。

3) 对梯度图像进行非极大值抑制

上一步得到的梯度图像存在边缘粗宽、弱边缘干扰等问题。使用非极大值抑制来寻找像素点局部最大值,将非极大值所对应的灰度值置 0,这样可以剔除大部分非边缘的像素点。

4) 使用双阈值进行边缘连接

经过以上三步之后得到的边缘质量已经很高了,但还是存在很多伪边缘。Canny 算子采用双阈值法,具体思路为选取 2 个阈值,认为小于低阈值的点是假边缘并置0,认为大于高阈值的点是强边缘并置为1,对介于低阈值和高阈值之间的像素点需进行进一步的检查。

5.1.2 模板生成与图像匹配算法

为了便于缺陷检测,可以采用QR码模板匹配方式,对逆向生成的QR码做灰度化和二值化处理,作为该系统匹配的标准模板。QR码模板生成与图像匹配算法步骤如下:

1) 二值化

图像采集模块获取待检测QR码图片,经过图像预处理后得到二值化图像。

2) 确定位置探测图形

位置探测图形的寻找定位方法较多。其中一种是首先提取图像边缘轮廓,之后根据三层嵌套结构的轮廓寻找位置探测图形。使用这种方法找到的嵌套轮廓所在的位置就是QR码的位置探测图形。这种方法直观,但缺陷是当图像的边缘有断裂缺失时,位置探测图形的三层嵌套结构轮廓无法呈现,造成漏检;或因为图像背景或者QR码的内部出现与位置探测图形类似的三层嵌套结构,造成误提取,这种错误判断会给后续图像处理工作造成负担。

位置探测图形的模块结构满足一定比例关系。当图像发生轻微变形,在允许一定误差的情况下,根据这一比例关系,基于扫描线的定位方法可以准确定位出整个图像中的位置探测图形。

寻找位置探测图形的具体步骤如下:

①根据位置探测图形的深色模块结构逐行扫描QR码,找到所有经过该模块的行,记下该行与位置探测图形边界相遇的第一点A和最后一点B,如图5-7所示。

②按照步骤①逐列扫描QR码图形,找到所有经过3×3深色模块的列,记下这些列与位置探测图形的外边缘相遇的第一点C和最后一点D,如图5-7所示。

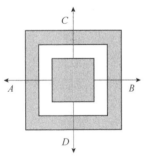

图5-7 位置探测图形扫描线

③确定探测图形中心。将所有在同一行上的 A、B 两点连接,并将所有线段的中点连成直线 1。将所有在同一列上的 C、D 两点连接,并将所有线段的中点连成直线 2。直线 1 和 2 的交点为该位置探测图形的中心点。

④其余两个位置探测图形的中心点也按照第①~③步确定。

3) QR 码缺陷类型判定

若倾斜度大于门限值则判定为"QR 码图片位置偏移";若未监测到 QR 码区域,则判定为"QR 码图片漏印"。用校正的 QR 码图像和标准模板做差值运算,确定 QR 码印制中是否存在黑白拉线或黑白块缺陷。

4) QR 码译码

若无上述缺陷问题,通过 QR 码译码模块,解析 QR 码图片包含的内容,并与模板中包含的内容进行字符串比对,判定是否存在 QR 码图片误印。

5.2 防 伪 技 术

5.2.1 雕刻防伪技术

5.2.1.1 手工雕刻技术

手工雕刻技术是将薄的半透明纸放在原稿上,用笔描出原稿的轮廓(或者直接用素描稿),再把纸翻过来放在铺有复写纸的板材表面,用硬笔把原稿的轮廓(或素描图)划在版材上。手工雕刻凹版分为直刻式凹版、干点式凹版、人造网点凹版、蚀刻式凹版等。

手工雕刻是早期的防伪技术。由于雕刻师的刀法、风格不同,因而很难仿造,而且即使同一个雕刻师也难刻画出一模一样的两块雕刻版,故手工雕刻的防伪性能非常好。但是由于其制作周期长、费用高、对雕刻师技术要求高等原因,目前使用甚少。

5.2.1.2 纯机械雕刻技术

纯机械雕刻技术是用雕刻机直接雕刻或雕刻-蚀刻制成凹版。这种方式将雕刻术机械化,节约了人力以及时间并且相对降低了手工雕刻对雕刻人员的技术要求。它能够雕刻出复杂的花纹图案、立体感强的图文、犀利的线条等,这些特性都有利于防伪。

5.2.1.3 电子雕刻技术

电子雕刻技术是纯机械雕刻技术的进一步发展。它是将光信号或数字信号通过光电转换或电磁转换变为雕刻机的机械运动,从而制版,即利用原稿的灰度信息以及频率发生器来控制雕刻刀的运动。其原理图见图5-8。

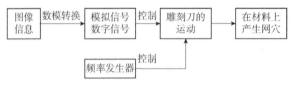

图5-8 电子雕刻技术的原理

电子雕刻机实现了雕刻的自动化,大大节约制作周期,降低了对工作人员的技术要求,但降低了防伪力度。所以,设计时要附加复杂的图纹来提高防伪性。

5.2.1.4 激光雕刻技术

激光雕刻技术与电子雕刻技术差不多于同一时间被研究出来,但由于质量稳定性等原因没有推广开来。这些问题现在已经被解决,激光雕刻技术在印刷领域有着广阔的前景。激光雕刻技术通过数字半色调技术将图像转化为适合激光输出的黑白二值图像,利用该信息控制激光的开关状态,使高能激光束照射在工件表面的特定点上,形成凹陷点。其原理图见图5-9。

图5-9 激光雕刻的原理图

激光雕刻形成的图像的质量与激光波长、脉冲频率、激光光束质量、加工材料以及多灰度级图像的半色调算法等有关。激光雕刻的速度大大快于电子雕刻。激光雕刻技术利用激光的高分辨率以及多束激光,从根本上解决图像边缘的锯齿化问题,提高图像的清晰度。激光雕刻还可以实现面积可变网穴、凹下深度可变网穴、面积和凹下深度都可变网穴以及调频网穴的雕刻。激光雕刻具有高速、高解像力、高质量等优点,是一项革命性的突破。

5.2.2 油墨水印防伪技术

在油墨水印防伪技术中,防伪油墨是比较重要的一方面。防伪油墨是具备防伪特性的油墨,它可以在一定条件下产生特定的变化,从而显示出可见或者不可见的图形,达到防伪的效果。这种防伪方式操作简单、成本低,广泛应用于票证和产品包装中。

在传统的油墨水印防伪技术中,常见的做法是在普通油墨中添加具有防伪特性的材料,从而使得油墨也具有防伪功能。但是这种做法的缺陷是,当特殊材料和比例被破解后,便很容易被仿造者仿造。因此,提出了另一种防伪方法,即用多种材料与油墨发生反应,进而使得油墨同样具有防伪功能,这种方法在一定程度上增加了仿造难度。

5.2.3 激光全息防伪技术

激光全息防伪又称为激光防伪,它起源于20世纪80年代。激光全息防伪主要是利用激光全息的原理,以很快的速度对成像物体的材料和相关印刷设备进行复制。激光全息防伪的成像图不仅可以很好地还原物体本身,还可以方便从不同角度对物体进行全方面的观察。激光全息防伪在具备防伪功能的同时,由于其颜色的多样性而具备一定的装饰功能。此外,激光全息防伪所使用的纸张可以被降解并且对环境的影响较小,识别过程较为简单,因此被普遍使用在一般防伪领域。

5.2.4 电码查询防伪技术

电码查询防伪技术是依靠计算机网络的一种综合性防伪技术。这种防伪技术先是为生产的每一个产品随机提供一个编码,编码与产品一一对应且具有唯一性,同时将产品的编码存放在数据库之中。通过互联网或者电话上传产品的防伪产品编码,便可以通过数据库比对,判断产品的真伪。因此,在电码查询防伪技术中,编码与产品的一一对应性使得伪造者很难仿造。同时,防伪编码的查询是一次性的,即进行第一次防伪查询之后,数据库会记录查询的时间和产品等信息,当用户进行第二次查询时,数据库会告诉用户该查询码已经被使用,这样可以防止伪造者对同一编码的多次伪造。

5.2.5 RFID 防伪技术

RFID 技术是 20 世纪 90 年代开始应用的一种自动识别无线技术,能够利用射频信号自动识别标签并获得相应的信息。RFID 技术具有高可靠性、高安全性和高抗干扰性等优点,并且可以高速识别运动对象和同时识别多个目标,被应用于状态识别和防伪等各个领域。

当 RFID 技术应用于防伪时,它可以给每个产品(不仅仅是产品的类型)提供唯一标识符。RFID 读取设备可以同时读取上百个类似的唯一标识符。许多行业使用 RFID 技术追踪与产品相关的信息,例如利用 RFID 技术对政府文件和药品等进行防伪。与传统防伪机制(如印刷、墨水等)相比,RFID 技术更具优势,不需要观察或者直接接触产品便可以读取其防伪信息。

5.3 二维码视觉优化的理论基础

对二维码进行视觉优化有 3 种途径:①利用 RS 码强大的纠错性能,直接改变模块;②利用二维码解码过程中对码字数据采样时实际取得的采样点围绕模块中心正态分布的特性,可以无条件改变模块中对采样结果影响较小的像素;③利用 RS 码对异或运算的封闭性,可以实现在不更改输入信息的基础上,改变填充码和纠错码。

5.3.1 RS 码纠错性能

RS 码可以纠正的错误包括无法被正确采样的码字以及被错误采样的码字。对于一个总字长为 L 的 RS 码来说,令其数据码字长度为 L_{info},纠错码字长度为 L_{ec},其中包含的无法被正确采样码字的数量为 e,被错误采样的码字数量为 p,则满足如下关系:

$$\begin{cases} L_{\text{info}} + L_{\text{ec}} = L \\ e + 2p < L_{\text{ec}} \end{cases} \tag{5-4}$$

因此,即使按照最极端的情况,即所有错误是由错误采样所造成的,同样可以对$[L_{\text{ec}}/2]$个码块进行纠错。对于版本号一定的 QR 码来说,可纠错码块数量由纠错等级决定,纠错等级越高,则具有的可纠错码块数量越多,可接受的误码数量越多。直接利用 RS 码对误码的可纠错能力对所需模块进行改变是简单有效的,但是对于任一版本号的 QR 码来说,根据相关标准,生成的二维码在纠错等级为 H 的情况下可以接受最大为 30%的误码率。因此,这种直接翻转的模块数量越多,则二维码的可纠错能力越差。

5.3.2　译码过程的采样结果模拟

由于现实中存在种种误差以及设备的不精确性等,对于二维码区块的采样并不一定在模块中心,一个合理的假设为:对于真实世界中二维码数据区域的采样,以二维码数据区块为中心成正态分布。因此,为了增加可供用于修改的空间,保留原图像应有的语义指向,除保留模块中心部分以保证采样数据正确之外,其余空间均可以用于修改。理论上,经过修改的二维码的可纠错能力不受影响。但事实上,由于现实中存在的光照、形变等干扰,修改后的二维码的全向扫描性质会出现一定程度的下降。

5.3.3　填充码与纠错码的翻转

由于 RS 码对于异或运算是封闭的,也就是说,对于一个正确的 RS 码,与另一个 RS 码之间进行异或操作后仍然是 RS 码。而二维码解码对象正是 RS 码,只要 RS 码对应的信息码没有不同,则经过解码得到的二维码信息完全相同。因此,可以利用这个性质在不改变数据信息的基础上对 QR 码的填充字段和纠错字段的信息进行改变,这样的改变对于二维码本身的纠错性能不产生影响。二维码生成过程中,输入信息生成的数据流最终由 3 个部分构成(图 5-10):其一为直接表示数据的数据信息,以模式指示符开始,以终结符 0000 结束;其二是为了填充数据容量而自动生成的填充码,由 11101100、00010001 交替填充直到达到其所能包含的最大数据容量;其三是由数据信息与填充码组合形成的信息码所对应的纠错码。

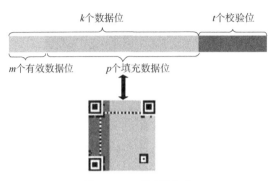

图 5-10　QR 码实际组成

对于总字长为 L、数据信息码长度为 L_{info}、填充信息码长度为 $L_{padding}$、纠错码长度为 L_{ec} 的 QR 码信息码 Q_{info} 来说,可以利用以下方式改变其中第 i 位的信息。

①如果需要改变的位在填充信息码当中,即如果满足条件 $L_{info} < L < L_{padding}$,则可以构造总长度为 $L_{info} + L_{padding}$ 的只有第 i 位为 1、其余位全为 0 的信息串,生成该信息串所对应的 L 位 RS 码 Q_{change},称 Q_{change} 为填充码第 i 位的一个构造元 $C_{padding}$。用 Q_{info} 与 $Q_{padding}$ 进行异或运算,由于 RS 码对于异或运算是封闭的,因此得到的结果 Q_{result} 仍然是 RS 码,可以被正确扫描识读。需要注意的是,Q_{result} 与 Q_{info} 的前 $L_{info} + L_{padding}$ 位只有第 i 位有所不同,而前 L_{info} 位完全相同,达到了在不改变 QR 码传递信息的基础上改变其视觉效果的目的。同理,对于位于填充信息码当中其他位置的想要修改的信息,均可利用该方法对单个的位进行翻转改变而不改变原有信息。

②如果需要改变的位在纠错码当中,则考虑通过将填充码的构造元 $C_{padding}$ 通过线性组合的方式得到纠错码的构造元 C_{ec}。具体构造方式如下:构造 $L_{padding} \times (L_{padding} + L_{ec})$ 的矩阵 $M = [E_{padding} | P]$,其中矩阵左半部分为 $L_{padding} \times L_{padding}$ 的单位矩阵 $E_{padding}$,右边为相应的 $(L_{padding} + L_{ec})$ 的纠错码 P。交换单位矩阵与纠错码的位置得到 $M' = [P | E_{padding}]$。由于可以通过调整版本号与纠错等级的方式使得 $L_{ec} < L_{padding}$,因此可以通过行之间的线性变换使 P 变为行最简形式的矩阵,则得到纠错码上对应的构造元。使用纠错码上的构造元的效果是改变纠错码中特定位的信息,不改变最初的信息编码,只改变填充码中位的位置。

因此,可以通过交替使用填充码的构造元与纠错码的构造元,可以减少使用直接翻转模块的数量,尽量减少对二维码扫描性能的影响,使操作过后的图像与嵌入图像尽量贴合,提升最终生成二维码的视觉效果。在使用这种方式对二维码视觉效果进行改变时,所能够改变的最大模块数量为 L_{padding}。

第6章 集装箱二维码应用方案

6.1 集装箱二维码发展需求

目前国内外采用的适于集装箱自动识别的技术主要有：条形码技术、图像识别技术和射频识别技术。条形码方式是通过在集装箱上贴一维条码或二维码来识别箱号。图像识别方式是利用摄像机捕捉箱号图像，计算机软件计算分析、辨别箱号并以字符方式存储。射频识别方式是将存储有箱号信息的电子标签贴在集装箱上，利用无线射频方式来采集箱号。

6.1.1 集装箱图像识别技术

集装箱图像识别技术是利用安装在集装箱港口机械设备、集装箱港口检查桥、运输线路或道路旁的摄影设备采集集装箱视频图像，通过图像处理和模式识别，实现对集装箱号的自动识别和记录。

虽然图像识别技术在集装箱港口已得到了广泛应用，但其受外界环境影响(特别是雨、雪、雾等天气)变化显著。集装箱箱体表面的波浪形状、字符不完全在同一平面上及箱号横竖排列不一等特点，都是图像识别技术应用的难点。受集装箱污损程度、箱体颜色、阳光照射角度、空气能见度等因素的影响，箱号识别率一般为80%~95%，提升空间小。与此同时，由于室外复杂的工作环境会对摄像机造成损伤，影响其使用寿命，因此对摄像机的保养要求较高，光学识别配套设备投入比身份识别设备投入要高很多。

6.1.2 集装箱射频识别技术

RFID技术可以实现自动识别。相比于传统的自动化识别技术，RFID技术可以全天候工作，传输距离远，速度快，不怕灰尘污染，效率高，应用在港口集装箱运输组织中，可大大提高港口的管理水平和效率。

RFID 技术使用专用的 RFID 读写器和可附着于集装箱的专用 RFID 标签,每个集装箱上面的标签都是唯一的,每个标签都有一个独立的身份代码,通过频率信号将信息通过 RFID 标签输送到 RFID 的读写器上,RFID 标签进入磁场,接收到解读器发出的射频信号后,通过感应电流将所获得的能量发送出去,从而解读器获得存储在芯片中的信息。当集装箱在港口进行装卸作业时,通过电子标签录入装卸货物、装货港、卸货港、货物种类、数量等信息;集装箱箱门关闭后,传感器定时采集集装箱的温度和湿度,监测集装箱是否受到撞击和箱门是否非法被打开等;当集装箱进、出闸口时,电子标签记录集装箱进出的时间和地点;解读器读取信息并解码后,送至中央信息系统进行数据处理。标签的存储容量大,可以有效存储集装箱及载运车辆的物流信息、货物信息、安全信息,并满足不断增多的信息流需求。

集装箱射频识别技术在国外已经取得一定的进展。美国为了保障集装箱进港的安全,在所有输往美国的集装箱都安装电子封条;亚太经济合作组织推行的横贯太平洋船运计划中,在标准集装箱的插销上装传感器封条,全程监测及记录集装箱运输、组织的实时信息。在国内,这一技术的应用还处于试点状态,没有全面普及和推广。中集集团在深圳和香港的港口安装了 RFID 设备,用于货物的海运运输管理;上海港联合国内高校和国内外标签厂家,开展"两港一航"试验,在烟台到上海港的航线上实现集装箱在整个运输组织环节的自动识别和交换。

RFID 高额的应用成本是限制其发展的主要问题。出于运营成本考虑,港口经营者不能在全部场景应用电子标签,而是采用电子标签和其他自动识别技术混合并用的方式。由于 RFID 的工作原理,它会不定时发出射频信号,因此存在信息泄露的可能。

6.1.3 集装箱条形码技术

条形码包括一维条码和二维码。一维条码技术主要应用于集装箱箱号识别,通过光学识别系统采集一维码图像,其缺点在于易受天气、环境等的影响,可靠性和精确度不能完全满足要求。二维码则是通过水平和垂直方向的二维空间储存信息,可以储存中文、英文、数字、符号以及图形,这是一维条码所达不到的。二维码的数据储存量大,且可对信息进行加密,安全级别很高。

集装箱二维码应用方面,国外有集装箱铭牌二维码的应用案例,主要采集基本的国际集装箱安全公约(Container Safety Convention,CSC)牌照信息。我国在集装箱运输管理、设备资产清查等领域的二维码应用走在了世界的前列。全球智能集装箱产业联盟于2018年发布了《集装箱二维码》团体标准,提出了集装箱二维码基本技术条件。依据全球智能集装箱产业联盟的团体标准,中铁铁龙集装箱物流股份有限公司已经开展了集装箱二维码的应用示范工作,截至2020年已有3万多个集装箱安装了二维码。

集装箱二维码的应用虽然取得一定成绩,但还存在一些问题:一是二维码应用顶层设计有待加强,迫切需要建立统一的编码管理体系与运行机制,避免不同企业、不同行业编码各自为政的局面,统一数据内容和格式,才能大规模推动行业应用;二是二维码技术存在一些缺陷,有待进一步改进,例如二维码抗曲面能力有待加强,研发具备抗曲面能力的二维码,才能更有利于在罐箱等各类集装箱的应用。

6.1.4 集装箱二维码的发展需求

集装箱是全球供应链和贸易链的核心承载和传递单元,以集装箱为基础的国际多式联运系统被认为是运输系统组织管理方面的一次革命。在现代物流领域,尤其是在国际货运当中,集装箱多式联运占有重要地位。集装箱多式联运属于典型的开环应用,多式联运货物的国际传递、进出口贸易涉及的流转过程非常复杂,总共包含50多个大流程,如图6-1所示,所涉参与方大致分为如下7类:

①集装箱供应方:船公司、租箱方。
②货主方:发货方、收货方。
③运力提供方:拖车公司、船公司、铁路运输公司、水路驳船公司。
④货柜管理方:港口码头、堆场、货运站。
⑤物流服务企业:货代公司、船代公司、报关、报验、理货公司。
⑥金融服务企业:银行、保险、融资、租赁、支付、结算公司。
⑦国家监管部门:海关、商检、边检、安检、检验、检疫。

第6章 集装箱二维码应用方案

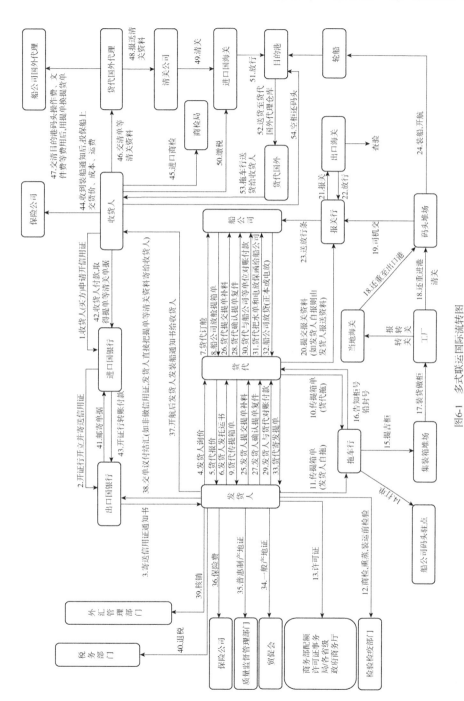

图6-1 多式联运国际流转图

89

多式联运集装箱的箱货流信息在全供应链内是孤立、封闭的,全供应链信息流没有形成一个通畅的整体,大部分情况下数据都是在单一系统孤立循环。各参与方把信息限制在自己的控制范围内,一旦集装箱离开这一控制范围,就难以通过有效手段追踪到集装箱的位置和状态等信息,造成了集装箱全供应链环境下的物流数据的孤立和失真,极大地影响物流和资产调度管理的效率与效益。

而且,当前国际多式联运集装箱行业仍采用传统的识别手段,没有箱号自动识别和解析系统,导致供应链作业效率低,差错率高,影响行业整体运行效率。大型的港口码头可通过光学字符识别(Optical Character Recognition,OCR)对集装箱进行自动识别,但小型散杂货港口的集装箱进出堆场大多仍通过肉眼识别集装箱箱号,采用手抄方式进行记录,业务表单及凭证的传递方式原始,业务数据的处理和加工效率低下,港口物流信息的共享程度低。数据的人工抄录错误、信息传递的延误等造成了整个供应链数据紊乱。调查显示,目前多式联运集装箱的物流位置数据中,实时且准确的只有60%~65%。由于集装箱自身不载有信息,在运输过程中,识别集装箱只能靠人工操作,大大影响了运输、装卸和管理效率。对全球集装箱供应链来说,准确获取货物的位置、状态与安全信息,实现供应链透明、优化管理,减少库存和物流整体周期的不确定性,提高供应链的效率和效益,具有极其重要的意义,也是现代物流的需要。

因此,迫切需要一套基于工业互联网的标识解析体系,为多式联运集装箱行业全球供应链服务,从而有效地规划和管理产业链上发生的生产运营、物流运输、报关通关、维修保养等活动。国际多式联运集装箱行业二级节点应用服务平台的建立,有助于打破当前产业链和贸易链各环节之间的业务孤岛、信息孤岛,将上下游企业组成整个产业系统的协同供应链网络,实现国际多式联运集装箱行业供应链箱货流、单证流、作业流、资金流的全方位融合。这对现代物流业和国际货运供应链节点用户来说尤为重要,符合现代物流对数据实时准确、信息获取自动化、数字化、供应链透明等的要求。

6.2　集装箱二维码箱管系统建设

基于二维码的技术优势,构建集装箱二维码箱管系统,可实现对集装箱运输作业流程的优化。集装箱二维码箱管系统包括集装箱二维码生成模块、集装箱二维码识读模块和集装箱二维码解析系统。

6.2.1 集装箱二维码生成模块

集装箱二维码必须包含解析平台地址信息、箱主代码、设备识别码、箱号、校验码、尺寸代码、箱型代码、集装箱内容积、所有人、检验机构、首次检验日期等信息。

集装箱二维码主要委托具备条件的集装箱自粘标贴生产企业进行加工制作。集装箱二维码的制造应与集装箱采购一并进行,由箱厂委托标贴厂进行加工制作;在役集装箱二维码的制作与安装适宜在集装箱清洗、维修环节一并进行,由洗箱或者维修厂委托标贴厂进行加工制作。

6.2.2 集装箱二维码识读模块

集装箱二维码识读模块为安装有嵌入式应用系统的移动式和固定式智能终端。嵌入式应用系统即包含二维码读取模块和业务作业系统的手机应用。智能终端即个人的智能手机。

6.2.3 集装箱二维码解析系统

集装箱二维码解析系统包括后台网络信息系统、公共查询信息系统和智能手机应用程序。后台网络信息系统和公共查询信息系统均部署在云服务器上,负责存储智能终端上传的集装箱相关数据,并进行大数据分析处理,实现集装箱业务的平台化管理应用。智能手机应用程序需单独定制开发,并与现有后台系统、公共信息查询系统对接。

6.3 集装箱二维码生成机制

集装箱二维码采用快速响应矩阵码(QR码)码制编码,将输入的文本、图像(压缩后)等信息流按照现行《快速响应矩阵码》(GB/T 18284)转换成数据码字,根据纠错级别和数据码字生成纠错码字,对二维码符号进行掩模与评价后,再生成 QR 码。集装箱二维码符号的结构如图 6-2 所示。

集装箱二维码技术及应用

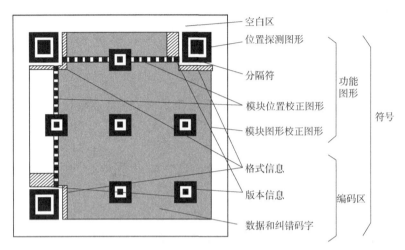

图 6-2 集装箱二维码符号的结构

集装箱二维码的编码过程如下：

①数据分析。分析的输入流,确定要进行编码的字符类型,选择所需的纠错等级。字符类型包括扩充解释(ECI)、数字、字母、8 位字节、中文汉字等,通过将不同的字符子集转化为符号字符,必要时可以通过模式之间的转换,将数据转化为二进制位流。

②数据编码。根据标准的编码规则,将数据字符转化为位流。当需要进行模式转换时,在新的模式段开始前加入模式指示符进行模式转换,在数字序列后面加入终止符,将产生的位流每 8 位分为 1 个码字,必要时加入填充字符以满足版本要求。

③纠错码。按需要将码字序列分块,以便按块生成相应的纠错码字,并将其加到相应的数据码字序列的后面。

④构造最终信息。按照标准的描述内容,在每一块中置入数据和纠错码字,必要时加剩余位。

⑤在矩阵中布置模块。将寻像图形、分隔符、定位图形、校正图形与码字模块一起放入矩阵。

⑥掩模。用 8 种掩模图形依次对符号的编码区域的位图进行掩模处理,评价所得到的结果,选择最优的一种。

⑦生成格式和版本信息。生成版本信息和格式信息以构成符号。

6.4 集装箱二维码作业流程

利用集装箱二维码箱管系统,对集装箱闸口作业流程进行创新优化,以出口集装箱操作为例,作业流程如图 6-3 所示。

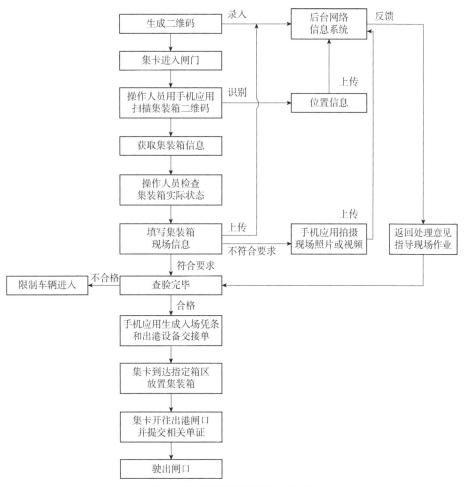

图 6-3 出口集装箱二维码作业流程图

具体流程如下:

①生成集装箱二维码,存储集装箱基础信息和网络解析地址,将集装箱相关的所有信息录入后台信息系统,以便在智能终端上进行集装箱智能化

作业管理和快速查询相关信息。

②在港口、铁路或货运站的进闸口处,操作人员手持带有嵌入式应用系统的智能终端(手机),打开摄像头,对准集装箱上的二维码进行扫描,读取存储在集装箱二维码里的基础数据,联网后根据读取到的箱号或制造号,从后台网络信息系统上读取该集装箱的有关信息。

③手机应用获取手机的位置信息,将该位置信息远程上传到后台网络信息系统中,实现定位。

④操作人员根据实际情况填写与该集装箱相关的现场信息,包括是否有损坏、箱封是否完好、是否清洗、箱类、验箱类别、配件丢失情况、磨损情况、货类备注、修箱情况、货主情况等。

⑤当发现集装箱有破损或发现偷渡、夹带情况时,用手机应用拍摄现场图像,将现场的数据、信息、图像或视频信息统一上传到后台。

⑥后台网络信息系统将处理意见远程发送回手机应用,指导操作人员进行现场作业。

⑦查验完成后,手机应用生成入场凭条和出港设备交接单,集装箱运抵指定堆场箱位后,司机开往出闸口并提交单证,完成一次集装箱出口作业。

6.5 集装箱二维码大数据分析

集装箱二维码箱管系统除了实现集装箱信息识别和智能化管理外,最重要的是建立集装箱运输大数据平台,形成数据仓库,成为集装箱运输的"数据大脑",为集装箱运输经营决策提供真实、可靠的数据依据。

大数据平台包括数据收集体系、数据分析体系和数据应用体系。数据收集体系通过集装箱二维码及关联系统,实现集装箱提箱、返场、装船、海运、抵港、卸船、提货、还箱等整个运输过程中集装箱动态信息的追踪,并采集过程数据。数据分析体系对收集的数据进行统计、对比和分析,依托后台网络信息系统,为优化集装箱运输模式、减少集装箱单程空运、调整集装箱运价等管理决策提供真实可靠的数据依据。数据应用体系在数据分析体系的基础上,将分析的结果形成各种报表或分析报告,并运用到实际工作中,指导集装箱企业进行战略调整。

第 7 章　集装箱二维码标准化

7.1　集装箱二维码规格尺寸

二维码的规格尺寸是影响二维码识读率和识读时间的重要因素,需要根据二维码的实际应用进行设计。正常工作条件下,集装箱门端二维码的识读距离应不小于 10m,集装箱二维码标识单次识读率应不低于 95%,集装箱二维码扫描设备完成一次信息识读的时间应不大于 5s,集装箱二维码标贴印刷质量等级应至少达到现行《信息技术　自动识别与数据采集技术　二维条码符号印制质量的检验》(GB/T 23704)规定的等级 2 的要求。为达到上述技术要求,规定各类型集装箱二维码的尺寸、图形结构、标记方式和标记位置,如表 7-1 所示。二维码示意如图 7-1、图 7-2、图 7-3 所示。

集装箱二维码规格尺寸　　　　　　　　　表 7-1

型号	尺寸(长×宽)	图形结构	标记方式
Ⅰ型	270mm×250mm	QRC01 型号,长方形,上半部分为 250mm×250mm 的正方形二维码,码制部分 230mm×230mm;下半部分为 250mm×20mm 长方形拓展区,可打印标志等	粘贴于箱门
Ⅱ型	90mm×80mm	QRC02 型号,长方形,上半部分为 80mm×80mm 的正方形二维码,码制部分 70mm×70mm;下半部分为 80mm×10mm 的长方形拓展区,可打印标志等	粘贴于前端
Ⅲ型	26mm×26mm	QRC03 型号,正方形,码制部分 20mm×20mm。不设拓展区。适用于在役集装箱粘贴二维码	粘贴铭牌
	25mm×25mm	正方形,码制部分 25mm×5mm。不设拓展区	激光打印铭牌

箱号部分仅作为张贴二维码的对照,无须贴箱

图 7-1　Ⅰ型自粘标贴二维码(尺寸单位:mm)

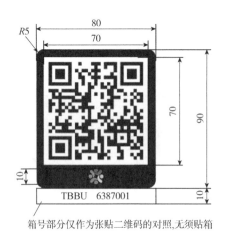 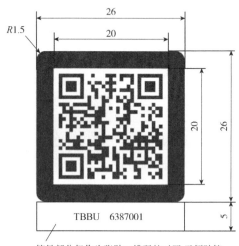

箱号部分仅作为张贴二维码的对照,无须贴箱　　　　　箱号部分仅作为张贴二维码的对照,无须贴箱

图 7-2　Ⅱ型自粘标贴二维码(尺寸单位:mm)　　图 7-3　Ⅲ型自粘标贴二维码(尺寸单位:mm)

7.2　集装箱二维码理化性能要求

集装箱二维码选用集装箱自粘标贴进行打印,即以带有自粘胶(背胶)

第7章 集装箱二维码标准化

的乙烯基薄膜为基材,经丝网印刷或膜切成型等多道工序制作而成。集装箱二维码材质的一般性要求应符合现行《集装箱自粘标贴》(GB/T 26936)的规定,不低于目前集装箱箱号常用的自粘标贴的理化性能,具体要求如表7-2和表7-3所示。

乙烯基贴膜的理化性能　　　　　　表7-2

项　目	性　能　要　求	
厚度(面膜+背胶)	(130±10)μm	(90±5)μm
延展率(断裂拉伸应变)	250%	200%
不透明度①	≥95%	
尺寸稳定性	≤0.3mm	≤0.2mm
初始黏性(铝板)	500N/m	
最终黏性(铝板)	640N/m	
耐候性	2000h	3000h
抗盐雾性	280h	
耐溶剂性	无影响	

注:①仅对白色和黑色的贴膜而言,对彩色或透明贴膜不做此项规定。

丝网印刷油墨的理化性能　　　　　　表7-3

项　目	性　能　要　求
耐候性	3000h
附着力等级	0
耐溶剂性	无影响

7.3 集装箱二维码数据格式

设置集装箱二维码数据管理平台,可单独设置,也可与业务平台统一设置。集装箱二维码数据至少保存5年。集装箱二维码数据内容如表7-4所示。

集装箱二维码数据内容 表7-4

序号	数据内容	代码类型	长度	单位	属性	示例	备注
1	箱主代码	字母	3	无	必选	YCC	符合现行《集装箱 代码、识别和标记》(GB/T 1836)的规定
	设备识别码	字母	1	无	必选	U	
	箱号	数字	6	无	必选	201001	
	校验码	数字	1	无	必选	0	
2	尺寸代码	数字字母	2	无	必选	22	符合现行《集装箱 代码、识别和标记》(GB/T 1836)的规定
3	箱型代码	数字字母	2	无	必选	G1	符合现行《集装箱 代码、识别和标记》(GB/T 1836)的规定
4	集装箱内容积	数字	4	m^3	必选	32.6	小数点后保留1位。对平台和台架式集装箱,设置为0
5	所有人	字母	变长	无	必选	CRT	最大长度为10
6	检验机构	字母	变长	无	必选	CCS	最大长度为4
	首次检验日期	数字	6	无	必选	201710	
7	制造工厂代码	字母	4	无	可选	CIMC	符合现行《集装箱生产序列号编码》(GB/T 33574)的规定
	尺寸箱型代码	数字字母	4	无	可选	22G1	
	生产年份	数字	2	无	可选	17	
	序列号	数字	6	无	可选	000001	
8	总质量	数字	变长	kg	可选	00000	整数
9	空箱质量	数字	变长	kg	可选	00000	整数
10	有效载荷	数字	变长	kg	可选	00000	整数
11	网址	数字字母	变长	无	可选		
12	用户自定义区		变长	无	可选		用户自定义,各项数据之间用半角的分号分隔

7.4 集装箱二维码安装作业要求

7.4.1 安装位置要求

集装箱二维码的安装位置应便于扫描、易于识读,同一厂家生产的同一类型或同一批次的集装箱二维码应保持安装位置一致。集装箱门端、集装箱前端、集装箱铭牌均应安装二维码,典型的集装箱二维码安装位置如图 7-4 所示。

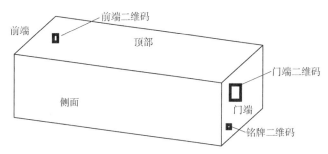

图 7-4　集装箱二维码安装位置示意图

具体要求如下：

①集装箱门端二维码标贴安装在集装箱左侧门,并与箱号字体的顶端齐平,如图 7-5 所示。

图 7-5　通用货物集装箱门端二维码安装示意

②集装箱前端二维码标贴安装在集装箱前端,与门端二维码呈斜对称布局,如图7-6所示。

图7-6 通用货物集装箱前端二维码安装示意

③铭牌二维码应不影响铭牌上其他信息的识读,可打印在CSC铭牌左上角的铭牌自动识别标识区,如图7-7所示。

图7-7 通用货物集装箱铭牌二维码安装示意

此外，后续根据作业需求，可自行安装其他类型二维码，但不能干扰集装箱已有标识标志，安装位置要求如下：

①顶部二维码标贴位于集装箱顶部靠门端的正中央，下边沿距离门端约 200~500mm。

②侧面二维码有 2 个，一个位于集装箱左侧板的外表面上，上边沿距离集装箱顶部约 600mm，右边沿距离门端约 200~500mm；另一个位于集装箱右侧板的外表面上，与左侧二维码呈斜对称位置。

7.4.2 作业要求

为保障集装箱二维码在作业流程中的识读率符合标准，集装箱二维码应符合以下作业要求：

①在集装箱生产以及流通环节，均应带有集装箱二维码标识，并确保标识清晰、完整、未经涂改。

②应保证集装箱二维码标识不因搬运或其他因素变形、污损。

③集装箱标识信息改变后，应根据规范要求重新安装与标识信息一致的二维码标识。

第 8 章　集装箱二维码典型应用案例

8.1　成品箱管理

基于二维码的成品箱管理系统流程如图 8-1 所示。其界面如图 8-2 所示。

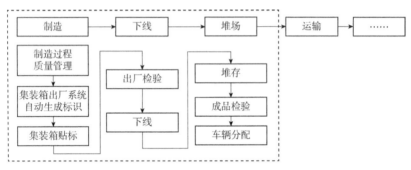

图 8-1　管理流程

图 8-2　系统界面

第8章 集装箱二维码典型应用案例

系统涉及集装箱制造、下线、堆场、运输四个环节,主要包含以下流程:集装箱制造过程质量管理、集装箱出厂系统自动生成标识、集装箱贴标、出厂检验、下线、堆存、成品检验、车辆分配、发送运输。

①集装箱制造过程质量管理:全程记录集装箱生产过程参数、质量参数、工位操作等信息,实现集装箱生产质量追溯。

②集装箱出厂系统自动生成标识:系统自动生成箱号,根据编码规则生成集装箱出厂二维码。

③集装箱贴标:在集装箱美妆工序,将系统生成的包含集装箱箱号等信息的二维码喷涂到集装箱上,完成产品的贴标。

④出厂检验:进行出厂前质量、外观及制造过程相关信息检验与检查,以确认该集装箱产品可以下线出厂。

⑤下线:采用工业摄像机自动抓拍集装箱二维码,系统进行二维码识别操作,获取集装箱箱号、出厂质量参数等信息,回写制造执行系统(Manufacturing Execution System,MES)数据库,确认该集装箱产品已下线,并进行二维码与制造过程信息的绑定。

⑥堆存:集装箱下线后,堆存操作人员使用手机应用扫描该二维码,获取集装箱相关信息,系统通过该二维码查询、获取集装箱的箱型、箱号、尺寸、合同、用户、送往地、堆存位置等信息。堆存操作人员根据该集装箱信息,用集装箱专用叉车按信息指示将其搬运到相应区域,并自动录入堆存操作过程信息,实现集装箱堆存信息与二维码的关联。

⑦成品检验:成品检验人员用手机应用扫描二维码,系统进行二维码识别操作,获取集装箱相关信息。成品检验人员根据该信息进行成品检验,检验完成后进行确认,上传成品检验结果、检验人员等信息,实现检验过程可追溯。

⑧车辆分配:集装箱成品检验完成后,系统自动根据集装箱的箱型、箱号、合同、用户、物流公司的信息分配车辆,并生成通知指令,发送信息到相应运输公司或物流公司的驾驶员的手机上。驾驶员根据收到的手机信息,前来工厂堆场办理集装箱的运送。驾驶员到达后,集成电路卡(Integrated Circuit Card,IC卡)刷卡系统自动识别驾驶员、车辆、物流公司等信息,确认信息无误后,进行集装箱装车确认,驾驶员确认已接收,系统自动上传数据,

集装箱产品的二维码绑定运输车辆的相关信息。

⑨发送运输:驾驶员通过手机应用在集装箱成品箱管理系统中确认集装箱箱号、运输路线以及目的地等信息无误后发送运输,到达目的地后驾驶员在管理系统中确认货物送达。运输过程中,管理系统根据驾驶员提交的运输信息记录货物运输进程。

成品箱管理系统框图如图 8-3 所示。在集装箱成品制造完成后,集装箱的自动识别下线、堆存操作的入库出库管理、成品检验、发货运输均通过扫描集装箱的二维码实现。同时,可通过二维码查询、下载集装箱成品的相关信息,并上传相关的操作记录信息。通过二维码技术实现了集装箱数据的上传与下载。同样,后续环节的用户可根据该二维码上传、下载该集装箱的数据。由此,实现了集装箱数据的全流程共享。

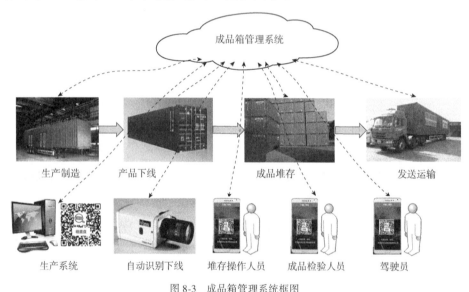

图 8-3 成品箱管理系统框图

8.2 集装箱全供应链管理标识识别与数据交互

集装箱二维码的编码和解析技术可实现集装箱从生产制造到流通使用、到报废的全生命周期的信息自动识别和采集。

第 8 章　集装箱二维码典型应用案例

集装箱二维码识别子系统通过应用软件和手机应用(图 8-4)的方式,实现数据的快速采集和上报。集装箱供应链的各用户和企业可以通过手机应用、浏览器或计算机客户端方式,基于集装箱二维码实现数据的上传、下载。系统全流程记录集装箱全生命周期内的过程数据,实现集装箱供应链的全流程管理。

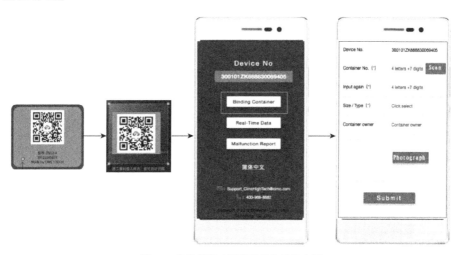

图 8-4　集装箱供应链管理系统手机应用

系统可在线导入箱号,从二维码中获取数据,在线打印二维码(图 8-5)。

图 8-5　二维码打印功能

集装箱二维码识别子系统使用步骤如下：

①各企业在二维码识别子系统免费下载二维码生成软件。

②各企业根据自己的产品特点，定制产品铭牌和想要写入二维码的内容。

③利用激光打标机，打印形成二维码金属标签。

④关注"箱查查"微信公众号，扫描二维码标签，即可将数据上传至系统。

⑤用户通过关注"箱查查"微信公众号，或者下载"装备二维码"手机应用，即可扫描贴在装备（集装箱、车辆）上的二维码金属标签，并"读取"这台设备出厂后的所有数据。

⑥特殊用户可通过在"箱查查"微信公众号申请账号，向"装备二维码"中"写"数据。

⑦"箱查查"平台开放数据接口，用户可以从中调出数据供自己的管理系统（如维修管理系统、维修调度系统、设备巡检系统、设备管理系统、经营管理系统等）使用。

通过"箱查查"微信公众号，实现了集装箱全寿命周期管理（图8-6）。

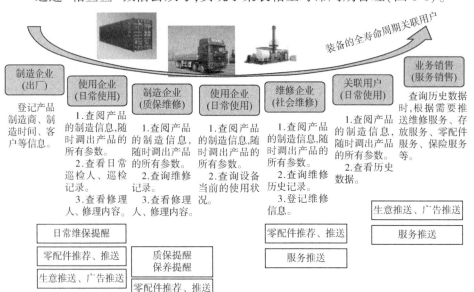

图8-6 集装箱全寿命周期关联用户图

8.3 "一带一路"集装箱定位追踪与管理

中欧班列具有安全快捷、绿色环保、受自然环境影响小的优势,已经成为国际物流中陆路运输的主要方式之一。截至 2021 年 5 月底,中欧班列通达欧洲 22 个国家的 160 多个城市。中欧班列的开通,实现了国际集装箱从航运集装箱运输为主到铁路集装箱登场,带来的不仅是运输方式的变化,更是物流、制作工艺、商贸一体化、区域经济、地缘政治等全方位的变革。在新业务模式的创新驱动下,"政策沟通、设施联通、贸易畅通、资金融通、民心相通"发展理念对信息的交互与共享提出了更高的要求。

对中欧班列运输的重要或贵重的货物,可结合集装箱二维码和集装箱智能终端(如电子铅封、电子锁、电子通风器等)对集装箱进行位置、状态监控,以便实现全程实时可视化、可追溯,运输过程可控。二维码解析系统为实现集装箱联网、集装箱智能监控联网提供了可能,为"一带一路"集装箱跨境物流管理提供了技术支撑。

基于集装箱二维码,集装箱的物流跟踪与可视化管理主要内容如下:

①集装箱生命周期管理:
——原材料质量信息。
——集装箱制造信息。
——集装箱检验信息。
——集装箱交付信息。
——集装箱资产管理信息。
——集装箱运输信息。
——集装箱交接检查。
——集装箱维修信息。
——集装箱报废信息。

②运输货物信息:
——货物生产制造信息。
——货物检验信息。
——仓储信息。

集装箱二维码技术及应用

——运输信息。
——货物交付信息。
③国际贸易信息:
——货物报关信息。

8.4 国际多式联运集装箱跨境物流

集装箱跨境物流贸易是典型的多环节、多主体、多方式、多国别的物流运输场景,架起了国际物流贸易的桥梁,对当今全球经济一体化及我国"一带一路"倡议实施具有重要的意义。尤其是跨境电商新兴业态的出现,进一步促进了集装箱跨境物流贸易的发展。

集装箱二维码可成为整个跨境物流供应链的纽带,促进整个跨境物流供应链的协同发展,主要作用如下:①集装箱二维码可快速实现整个跨境物流供应链过程中集装箱箱号的快速自动化识别,避免传统的手工输入箱号存在的效率低下及错误率高等问题;②集装箱二维码结合先进的国际多式联运集装箱信息化技术,可使用户实时获取物流状态信息;③通过统一的二维码,打通跨境物流贸易各环节信息化系统并解决唯一识别问题,连接全链条的物流货物追踪管理,最终实现跨境物流的业务层面各环节的业务撮合,打造跨境物流贸易业务生态。跨境物流业务应用场景见图8-7。

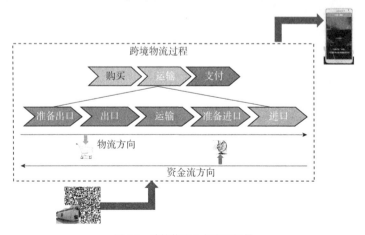

图8-7 跨境物流业务应用场景

根据国际供应链的关键流程,可梳理出跨境物流贸易的主要参与方:

①购买方:进口商、付款人和收货人,为货物流的终点和资金流的起点。

②供应方:出口商、发货人和收款人,为资金流的终点和货物流的起点。

③政府:主要为海关、边防、检验检疫等政府职能机构。政府职能机构主要负责核验进出口货物的真实性、合法性,降低风险,保证本国利益不被侵犯。

④中间服务商:服务于国际跨境物流供应链全流程,包括运输服务供应商和服务于便利化通关流程的货运代理、报关代理、佣金代理等。当有融资需求时,银行、保险公司等金融机构也将参与。中间服务商在推动信息流、货物流和资金流的转运中起到关键作用。

8.5 铁路集装箱货代服务和物流

铁路货代包括如下环节:

1) 托运受理

托运人向车站提出货物运输申请,填写货物运单和运单副本。车站接到货物运单后,审核整车货物的申请是否有批准的月度、旬度货物运输计划和日要车计划。

2) 制订集装箱货物集配计划

受理车站的集配货运员根据掌握的全部受理运单的到站去向和数量,本站可用空箱和待交箱数量,待装车、待装箱和残存箱的方向和数量以及站外集散站的集装箱等资料,制订集配计划。

集配计划完成后,及时通知托运人和承运货运员,以便托运人安排车辆和组织进货、货运员做好承运准备工作。

3) 货物装箱

(1) 整箱货装箱

整箱货的装箱可在站内完成,也可在站外完成。

若在站内装箱,托运人按车站指定的送货日期将货物运至车站,外勤货运员指定拨配空箱,由托运人自己组织装箱,装箱完毕后施封。

若在站外装箱,一般先由托运人根据车站指定的取箱日期将空箱运到本单位组织装箱,在施封后将重箱送到车站。无论在何处装箱,托运人接到外勤货运员拨配的空箱后,一定要检查集装箱是否有破损、装置是否完好。

箱内货物的数量和质量由托运人负责,因此,施封必须由托运人自己进行,承运人不得接受代为施封的委托。

(2)拼箱货装箱

拼箱货是将若干个不同发货人的货物托运到同一铁路到站的零担货物装箱运输,目前有铁路拼箱和集散站拼箱两种作业形式:

①铁路拼箱:按零担货物收取运费,但须另收拼箱费用。货物的装、拆箱以及货物受理和交付均由铁路方面负责,因此货物运单、领货凭证和货票等运输单证上要加盖"铁路拼箱"戳记。同一箱内货物的所有票据应封入"铁路集装箱拼箱货运票据封套"中。

②集散站拼箱:集散站使用铁路集装箱或部分自备集装箱,由集散站面向货主办理承运和交付,将同一到站不同收货人的货物共装于同一集装箱内,向铁路部门按整箱办理运输。铁路车站与集散站之间的关系是承运人与托运人的关系。

4)承运

托运人在指定日期将集装箱货物送至车站指定的地点,发送货运员在接收集装箱货物时对发货人装载的集装箱货物逐箱进行检查,符合运输要求的才能接受承运。接收集装箱货物后,车站在货物运单上加盖站名、承运日期戳记,即为承运。铁路向托运人核收运费。

5)装车运输

装车后,由指定的铁路运营机构进行运输。

6)到达交付

①交货时,交箱的货运员在接到转来的卸货卡片和有关单据后,认真做好车号、封号、标签的核对工作,核对无误后通知装卸工组交货。集装箱货物运抵到站后,收货人应不迟于集装箱卸车后的次日到站验收货物。如逾期,可用电话等方式向收货人发出催领通知;通知完毕后,货运员在货票上记载通知的时间和方法。但到站的催领通知仅是通知收货人收货的辅助手段。

②承运货物后,托运人应将领货凭证及时寄交收货人,收货人应主动联系到站领取货物,这是到货通知的主要手段。

③收货人在到站领取货物时,须出示本人的身份证明和领货凭证。到

站核对无误后向收货人交付货物。收货人在货票上盖章或签字,到站将收货人的身份证明文件号码记载在货票上。

④对到达的货物,收货人有义务及时搬出,铁路方面有义务提供一定的免费留置期限,以便收货人安排搬运工具、办理仓储手续等。留置期限一般为2日,超过这个期限,收货人应向铁路方面支付延期使用费和货物暂存费。

⑤若货物在站内掏箱,收货人应于领取的当日内掏完;在站外掏箱时,收货人应于领取的次日内将该空箱送回。

以北京安铁供应链管理有限公司为例,其运输过程更加复杂,如图8-8所示。

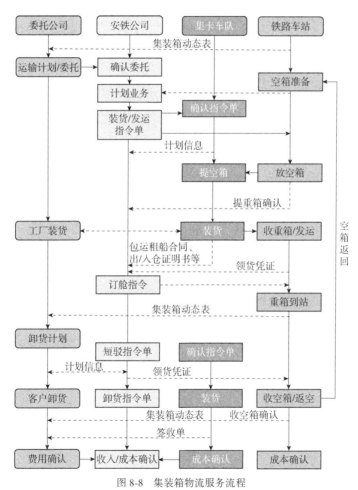

图8-8 集装箱物流服务流程

从上述过程可以看出,当前铁路货物运输环节非常多,操作比较复杂,如果是国际铁路运输,还涉及海关、边检等部门,更加复杂,且需要大量重复查验工作。

在集装箱装箱后利用二维码技术记录集装箱相关信息,并在二维码平台对整个环节进行跟踪,如果各环节正常,则无须重复查验,大大减少查验成本,提高社会效益和经济效益。

8.6　危化品集装箱运输供应链管理

据统计,截至 2018 年底,我国已建成国家级、省级大型化工园区 200 多个,各类危险化学品生产、储存、运输、使用、废弃处置企业已达 30 多万家,常用化工原料达到 5000 余种,95% 以上的化工原料需异地运输。危化品具有易燃、易爆、有毒、有害和放射性等特性,在运输装卸和储存保管过程中容易造成人员伤亡和财产损毁,根据安全生产监督管理部门与消防部门相关数据,我国的危化品事故中有 77% 发生在运输阶段。危化品主要通过特殊的运输装备进行运输,主要有槽车、罐式集装箱、危化品专用集装箱等。其中,危化品集装箱运输供应链流程如图 8-9 所示,液化天然气罐箱运输供应链流程如图 8-10 所示。

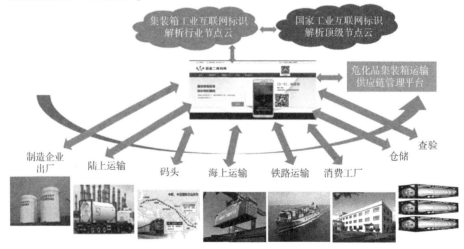

图 8-9　危化品集装箱运输供应链流程

第8章 集装箱二维码典型应用案例

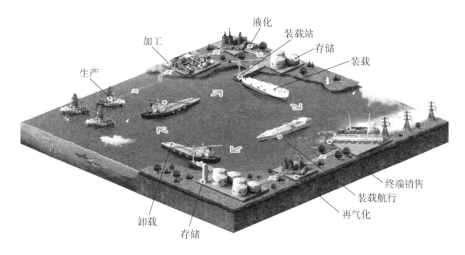

图 8-10 液化天然气罐箱运输供应链流程

危化品集装箱运输方式通常为：采用公路运输（常用槽车、危化品集装箱）直至目的地；先采用槽车或危化品集装箱通过公路运输到火车站，再由火车转汽车运到目的用户；出厂装货后，通过危化品集装箱运输到港口码头，再在港口码头吊装到集装箱运输船上，经海上运输到达目的地所在港口码头，在港口码头卸货后，路上运输到达用户企业；公路、铁路、海上运输等多种方式联合运输直至目的用户。

危化品集装箱运输是典型的多式联运场景，从生产出厂到消费企业（或用户）经历以下环节：制造出厂、装货、陆上运输（公路、铁路）、港口码头、集装箱运输船、卸货、仓储、用户、查验等。整个危化品运输供应链涉及制造企业、物流企业、港口码头、海运企业、仓储企业、危化品消费企业以及相关监管部门。

通过赋予危化品集装箱二维码，建立危化品集装箱二维码应用服务平台，实现多式联运的危化品集装箱运输供应链管理，有以下主要作用：

①提供危化品运输供应链管理服务：包括销售出厂、公路运输、铁路运输、海上运输、港口码头、仓储等环节的管理服务。

②提供危化品运输在途监控服务：精确、实时掌控危化品运输状况，通过提高管理和技术水平，提升运输服务的能力和水平，从而实现高效、安全、环保的物流模式。

③提供危化品集装箱供应链数据共享服务：有利于加强危险货物运输

安全监管,协调解决危险货物运输安全监管工作的重要问题,为客户提供增值服务,提高竞争力。危化品道路安全事故应急管理涉及交通运输、公安、安监、环保、卫生等多个部门,各平台共享数据能够提高监管部门管理效率,形成有效联动。

④提供增值服务:构建危化品集装箱企业生态圈,提高物流效率,平台除了提供传统供应链物流管理功能外,共享数据,构建了危化品集装箱领域的"生态圈",为供应链管理、采购、运输、销售提供一条龙服务,依托仓储抵押贷款实现金融功能等。

⑤提供绿色物流技术支撑:危化品仓储企业在防止有害气体挥发,防止毒害品、腐蚀物品、放射性物品泄漏,废旧包装的回收利用,固体废弃物处理以及洗罐洗桶洗车的污水处理等方面面临着严峻的考验。危化品集装箱二维码应用服务平台能够精确查找不符合绿色环保要求的集装箱,便于政府、企业进行规范管理。

8.7　集装箱全过程追溯与档案数据管理

集装箱追溯管理系统结合了二维码技术,支持集装箱全流转过程中的产品真伪验证、溯源查询,支持产品线下质量检验、海关检验检疫、港口作业、保险、货代等功能,支持以应用软件和手机应用的方式实现数据的快速采集和上报,支持 Web 前端、计算机客户端、移动手机应用端等。

以海关检验检疫操作流程为例,集装箱海关检验检疫业务关联图如图 8-11 所示,其流程为:

①船靠岸后,海关将集装箱从船上吊到查验场,查验后再由查验场吊到堆场。

②查验时,操作员可以通过手机应用扫描集装箱二维码,或者输入集装箱二级节点编码,查询集装箱装卸情况、历史运行路线、异常告警等,对有问题的集装箱进行重点查验,并在手机应用上登记异常查验信息。如果集装箱安装有智能终端,还可以与智能终端的数据进行对比,进一步确认集装箱本航次经过的路线、港口、异常情况等。

③系统生成海关查验报告,集装箱的追踪与定位如图 8-12 所示。

第 8 章 集装箱二维码典型应用案例

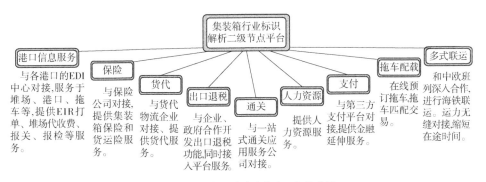

图 8-11 集装箱海关检验检疫业务关联图

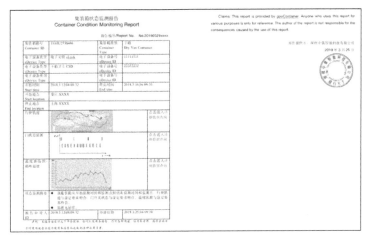

图 8-12 集装箱的追踪与定位

8.8 集装箱资产保险服务

保险行业结合集装箱二维码,可以优化集装箱箱体险、集装箱综合险、集装箱货运险投保、承保、保险报案、保险勘查、保险结案等流程。当前在集装箱行业保险领域,由于集装箱箱号识别、全球流转、运输过程管控等问题,导致集装箱保险实施意愿不高,出险体验不好。

利用二维码解析技术,可实现集装箱在整个流通环节都可被追溯,为保险公司对保险险种进行精确计算、提供更好的保险服务提供了可能性。集装箱资产保险服务如图 8-13 所示。

115

a)集装箱全损险
(对集装箱所有人或租借人因在集装箱运输管理中的各种风险而产生各种损失提供的保险)

b)集装箱综合险
(对集装箱所有人或租借人因在集装箱运输体的灭失、损坏等提供的保险)

c)进出口货物险
(对跨境货物在运输中因各种风险而产生的损坏等进行保险)

图 8-13　集装箱资产保险服务

通过二维码为集装箱投保的操作步骤如下：
①将所有集装箱二维码上传至二维码应用平台。
②投保时，填写每个集装箱的二维码编码。
③将集装箱流转环节各种信息上传至二维码应用平台。
④出险时提供集装箱二维码，对问题集装箱进行勘查，调出历史数据，决定是否拒保或承保。

8.9　集装箱物流企业资产管理

集装箱是集装箱物流企业的主要固定资产。在集装箱资产管理中常遇到以下问题：
①集装箱资产管理中，台账不准确。
②集装箱资产所在的位置不对，某个区域的集装箱资产数量不准确。
③资产管理缺乏基础数据以及相应的管理手段，无法准确跟踪当前状态（如调拨、借用、维修等）。
④无法及时处理集装箱资产的报废，财务上无法及时销账，无法形成报废清单。

⑤集装箱折旧计算繁复,准确性差。

⑥集装箱资产中间跟踪环节管理粗放,没有精确的资产变动(如移动、调拨、报废、维修、租赁等)历史记录。

⑦资产管理技术落后,往往依靠人工核对、抄写箱号、统计等,导致管理效率低下,企业成本较高。

集装箱物流企业是集装箱使用密集型企业,集装箱资产管理效率尤为重要。传统的固定资产管理模式无论从质量上还是效率上,都难以适应经营管理新形势的需要。通过给每一个集装箱发放一个全球唯一的二维码,调用二维码解析云服务可实现:对集装箱身份信息的查询;对二维码的自动识别与数据提取;对二维码的自动识别与数据写入;对集装箱资产状态变动的写入;对集装箱资产状态的查询;对集装箱资产、资产状态关联数据的查询与提取(图8-14)。

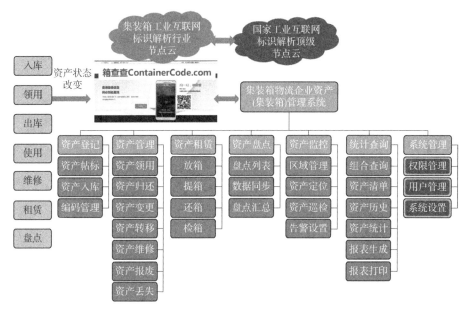

图8-14 集装箱物流企业资产管理应用

通过集装箱的唯一二维码,在充分研究、分析集装箱物流企业资产(集装箱)管理业务需求的基础上,开发一套针对集装箱物流企业的标准化资产管理系统,有效解决集装箱物流企业的资产管理难题,使企业更轻松、更有效地管理集装箱资产，实现集装箱运输企业合理配置资源，为经营决策提供依据，提高工作效率，降低运营成本，创造经济效益。

8.10 集装箱维修管理

截至 2021 年，约 4600 万只集装箱在全球流转。全世界 80% 以上的货物由集装箱运输。在集装箱运输与使用过程中，如果箱体发生损坏，需要及时维修，使集装箱处于完好状态。全球每年约有 2000 万只集装箱需要维修。

目前，集装箱维修主要采用外包服务的方式。许多修箱企业规模小，管理水平、技术水平、职工技能、场地厂房、设备设施、材料采购、维修质量等都处于较低水平。有的企业维修工艺落后，维修设备简陋，进行矫形维修时主要采用大锤敲、撬杠等方式，维修质量得不到保证。低维修水平将使集装箱箱体质量快速下降，直接影响运输生产效率和运输安全。此外，对维修过程缺乏监管手段，维修不到位或过度维修的现象时有发生。

集装箱维修工作涉及面广、环节多，维修环节包括报修箱、运送到箱修点、与箱修点办理交接、箱修点检查箱体、制订维修方案、施修、修竣、与车站办理交接、投入运用等。集装箱维修管理应用框图如图 8-15 所示。

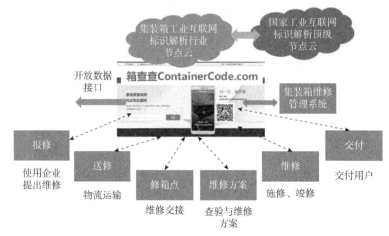

图 8-15　集装箱维修管理应用框图

为了实现集装箱及其相关配件的统一管理，通过集装箱二维码系统统一对集装箱本身及其相关配件在集装箱智能终端进行注册、编码分配和二维码解析,并通过各个应用系统与二维码子系统的对接实现数据共享。通过集装箱维修管理系统或手机应用调用集装箱二维码解析云服务可实现:对集装箱身份信息的查询;对集装箱标识的自动识别与数据提取;对集装箱二维码的自动识别与数据写入;对集装箱修箱记录数据的读取;对集装箱修箱方案、修箱记录的写入;关联用户对数据的查询与提取。

对维修的关键点分层级进行卡控,开展每个维修项目前都应拍照上传、审核,修竣后还要拍照上传,审核通过后办理修竣交接。实现查询修箱企业维修能力、维修资质等数据,实现集装箱维修过程可追溯、维修质量可追溯。逐渐积累集装箱修箱技术数据、修箱记录等之后,可实现集装修修箱的标准化、智能化管理。

8.11 港口、堆场、码头集装箱作业

集装箱进出港口是集装箱物流供应链的主要应用场景之一。码头是港口业务的核心区,集装箱离开码头上船与下船离开码头的流程分别如图 8-16、图 8-17 所示,集装箱运输船经闸口环节进入码头,集装箱在码头内被运输到堆场交接后,经叉车或装卸桥入库堆存,之后再经叉车和装卸桥装船。集装箱下船离开码头的流程则相反,船靠岸后,集装箱经装卸桥卸下,经叉车或场内运输车运送到堆场入库;堆场出库后集装箱运输车离开码头闸口,把集装箱货物运送往目的地。

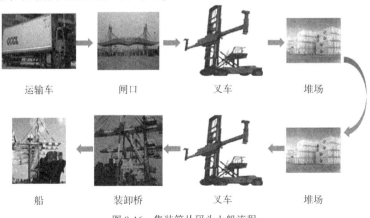

图 8-16 集装箱从码头上船流程

集装箱二维码技术及应用

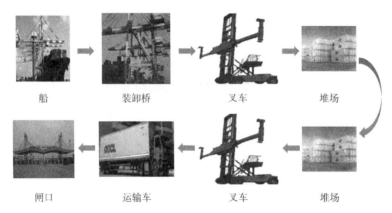

图8-17 集装箱下船离开码头流程

闸口业务功能如下：

①完成码头与拖箱人箱体交接、单证处理、信息记录、进场检查口、出场检查口等业务。

②单证处理：审核拖箱人递交的各种进出场单证（如装箱单、危险集装箱准入单据、提箱凭证、设备交接单等）。

③箱体交接：与拖箱人一起进行集装箱箱体检查和交接，在集装箱进出港口、场站时用箱人与管箱人之间交接集装箱的凭证并确认身份。箱体交接分为进场（IN）和出场（OUT）两种。

④信息记录：将信息录入计算机系统，打印有关凭证。

⑤位置指示：指定收箱或提箱堆场箱位。

闸口业务流程如下：

1）收出口重箱进场

①审核单证：装箱单、集装箱设备交接单（Equipment Interchange Receipt, EIR）、船舶载运危险货物申报单。

②验电子数据交换（Electronic Data Interchange, EDI）信息：从系统中调出EDI信息，并与单证上的信息核对（凡没有EDI，或信息不一致的，原则上不办理收箱）。

③箱体交接：核对箱号、封号、车号，检验箱体（凡箱体有问题的，一律不收），留下驾驶员签字的EIR码头联和装箱单。

④录入信息：录入系统中，并申请场位。

⑤打印凭证:打印含收箱位置的小票给驾驶员(驾驶员按照小票指示位置去场地卸车,而后回检查桥出口)。

⑥收回凭证。

⑦出场确认:在系统中准许该卡车出场。

2)收存储空箱进场

①查验审核单证(EIR)。

②箱体交接:核对箱号、车号,检验箱体,留下驾驶员签字的 EIR 码头联。

③录入信息:录入系统中,申请场位。

④打印凭证:打印含收箱位置的小票给驾驶员,驾驶员按照小票指示位置去场地卸车,而后回检查桥出口。

⑤收回凭证。

⑥出场确认:在系统中准许该卡车出场。

3)提进口重箱出场

①审核单证:提箱凭证、EIR。

②信息录入:录入系统中,调出箱位。

③打印凭证:打印含箱位置的小票给驾驶员,驾驶员按照小票指示位置去场地装箱,而后回检查桥出口。

④审核证物:核对箱号、车号与单证是否一致。

⑤箱体交接:EIR 码头联。

⑥出场确认:在系统中准许卡车连同集装箱一起出场。

⑦打印出门证。

4)提空箱出场

①审核单证:办理审单后,堆场系统放行。

②录入信息。

③打印凭证:小票给驾驶员,驾驶员按照小票指示位置去场地装箱,而后回检查桥出口。

④审核证物:核对箱号、车号与单证是否一致。

⑤箱体交接:集装箱交接完成后堆场工作人员留存 EIR 码头联。

⑥出场确认:在系统中准许卡车连同集装箱一起出场。

⑦打印出门证。

整箱货运出口操作流程如下：
①船公司或代理人安排驾驶员去码头堆场领空箱。
②驾驶员到船公司或代理人处领集装箱收发单、封条。
③驾驶员将第一联给入口处的码头职员，去停车场。
④将第一联数据（包括船公司、船名、航次、箱主、舱单号、拖车号、箱尺寸）输入计算机，打印堆场作业纸（箱号位置）。
⑤装车，堆场理货员指挥起重机司机将集装箱吊到车上，如有问题回入口处更换堆场作业单。
⑥把车开到验箱处验箱。
⑦到出口，收堆场作业纸和第六联收发单，发设备交接单。
⑧离开码头。
⑨装货，海关人员在场加封条。
⑩送至码头。
⑪将设备交接单余下四联输入计算机，留第二联，打印堆场作业纸。
⑫堆场理货员指挥卸箱，签字确认。
⑬出门，核对，留第五联。
⑭离开时将第四联交给船运公司，将第三联交给驾驶员。

通过集装箱的唯一二维码，在充分研究港口码头的集装箱流转业务需求的基础上，开发一套针对集装箱港口码头的标准化管理系统，可有效解决港口码头企业的管理问题，提高集装箱进出港口的工作效率，降低运营成本，创造经济效益。

8.12 集装箱二维码铅封及智能识别系统

将二维码技术应用于传统铅封可实现集装箱铅封信息的自动识别，容纳更多的物流和货物信息，可为船公司、货主等使用方提供更高的附加值，为理货、码头公司等提供更多的增值服务。针对二维码铅封开发配套的二维码铅封智能识别系统，自动获取铅封图片并识别信息，数据与港口业务系统比对，实现进港集装箱铅封的智能查验，取代传统的人工查验操作环节，作业效率和信息准确率都大幅提升。

第8章 集装箱二维码典型应用案例

在集装箱运输过程中,普遍采用的铅封是传统的高保铅封。该类铅封一般由锁体和锁杆组成,其中锁体是铅封信息的主要载体,一般印制若干编码或条码等,常见的为圆柱体。使用高保铅封时,将锁杆插入锁体中,按压紧实即可完成施封操作。高保铅封具有方便易用、坚固、不易氧化锈蚀、难以被破坏等特点。

二维码铅封完整地继承传统高保铅封的特点,结构上仍由锁体和锁杆两部分组成,锁体部分根据所需铅封号码喷涂二维码图案,二维码信息可进行加密处理以防止假冒。图8-18所示为宁波—舟山港穿山港区进场闸口采用的二维码铅封,将锁体创新设计成三棱柱的立面造型,采用丙烯腈-丁二烯-苯乙烯(ABS)工程塑料,并进行磨砂处理,具有重

图8-18 二维码铅封

量轻、抗压强、反光性好等特点。同时,锁体采用防止扭转的设计,确保随机施封的铅封二维码面与摄像机拍摄轴线夹角小于30°,从而能让摄像机采集到小畸变的二维码图像。此外,由于二维码本身具有容错性能,因此在码面部分缺失或污损情况下也能实现可靠识别。

二维码铅封智能识别系统由触发模块、图像采集模块、OCR模块、数据传输与交互模块、系统监控模块及管理软件等组成。系统主要设备包括红外线传感器、球形工业高清摄像机、网络交换器、工控机、计算机及手持终端等。二维码铅封智能识别系统运行流程如下:

①载有重箱的集卡进入码头闸口,触发红外线传感器。

②系统发出指令,启动图像采集模块,球形工业高清摄像机按照预先设定位置对集装箱锁杆上的二维码铅封进行连续拍摄。

③拍摄到的图像被传送至系统工控机进行OCR识别,系统自动选取质量最佳的图片进行二维码识别和计算。

④识别结果通过系统数据接口与码头生产系统、理货业务系统进行交互比对,并显示在计算机或手持机终端,供后台理货人员进一步处理,完成自动查验过程。

8.13 集装箱的制造运维

融合集装箱二维码的港口运维平台监控融合了云计算、大数据、移动互联网、物联网等新技术，构建了一个以用户需求为导向，以创新为驱动，智能、灵活、高效、协同的全新价值网络。平台总体架构见图8-19。

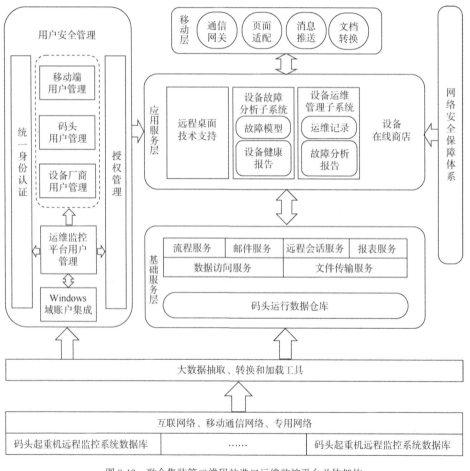

图8-19　融合集装箱二维码的港口运维监控平台总体架构

运维监控平台为用户提供远程设备故障诊断、设备健康报告、设备故障预警等增值服务的同时，也为企业进一步完善产品质量、拓宽销售渠道、延伸产品价值链创造了条件。集装箱二维码技术与自动化码头的结合,能够方便向码头运行数据库录入集装箱各项信息,最大限度发挥二维码能保存较大数据量的特长。

运维监控平台的关键技术有以下几点:

(1)虚拟化云平台

建立企业虚拟化云平台,实现虚拟服务器资源统一管理、按需自动分配、无中断扩容,随时可对处理器、内存和存储等进行按需配置和调整,配置迅速,主机发生故障时可自动切换,减轻服务器系统硬件停机对平台可用性的影响。

(2)整合网络通信技术

针对不同码头的网络环境和实际情况,整合多种访问接入、通信连接方式,如通过互联网连接、通过移动通信网络连接或者通过租用专用网络连接等方式,将码头数据统一汇集到企业虚拟化云平台。确保连接的安全性、稳定性以及数据传输的即时性与准确性,建立码头数据安全机制,防止重要数据外泄和网络攻击。

(3)二维码集装箱运维数据库

针对设备故障诊断、分析的需要,建立码头设备运行作业的数据仓库。通过统一的建模方式,在企业虚拟化云平台上设计一套通用的数据库关系模型,能够对不同码头的运维数据进行整合。借助集装箱二维码标识的唯一性,即可管理每个集装箱的运维数据。

采用大数据工具,对授权接入的码头设备运行数据进行抽取、转换、清洗、整合,最终汇集到企业虚拟化云计算集群数据仓库上,能够实现不同来源数据的存储。

(4)移动化运维体系

通过移动化技术,实现码头运维管理的灵活、高效操作,数据信息共享。二维码集装箱故障信息可在中控室的监控系统、移动端手机应用上实时同步展现,码头运维人员可通过手机应用及时接收故障任务分配,查看设备监控信息,并通过手机应用及时获取设备故障诊断信息,排除故障并记录,在手机应用端提交故障分析报告后,系统自动归档并形成故障排查报表。码头移动运维操作流程见图8-20。

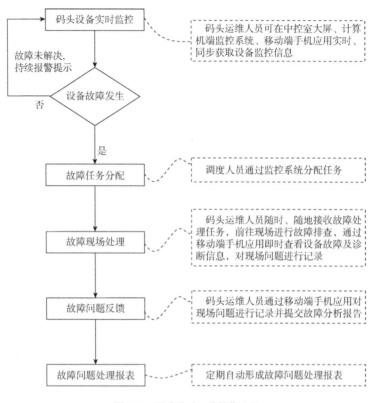

图 8-20 码头移动运维操作流程

8.14 集装箱二维码的铁路应用

集装箱二维码技术可通过互联网使各个作业系统之间实现无缝对接，信息即时共享，放箱作业信息化程度大幅提高，既减少铁路集装箱运维成本，又提升作业效率和质量。

工作人员可以在系统中安排放箱作业，根据集装箱信息在系统中选择需要进行调度的集装箱，选择成功后可获得对应二维码标识，作业人员根据二维码信息便可到场寻找相应集装箱。铁路集装箱运维系统将作业指令发送到场站装卸设备上，司机接受指令后进行放箱作业。这一方式能够减少人力成本，提高作业效率及作业准确性。

第8章 集装箱二维码典型应用案例

系统采用大型软件的设计技术与核心智能算法,集成物流信息技术,借鉴互联网平台经验,分析铁路集装箱运维业务需求,创新软件的技术架构、物流业务协同、客户服务模式和物流操作实体管理理念,通过技术与业务的结合,实现物流价值链的整体优化。

总体思路是在企业端的上方搭建服务平台,融入互联网思维来建立物流服务。以客户为出发点,通过网络开展电子商务活动,可以优化流程,减少客户去窗口办理业务的次数,审批快捷、提高办事效率;还能实现订单跟踪和查询,及时变更和确认订单,节省客户的时间成本和人力物力资源。

第9章 对集装箱二维码发展的政策建议

集装箱二维码是信息载体和线上数据资源入口,能优化集装箱运输管理模式,为集装箱大数据应用提供高质量的数据源,推进集装箱行业信息化建设进程。为保证集装箱二维码得到更好的应用和更快的发展,提出以下政策建议:

1)加快集装箱二维码标准制定实施

完善我国集装箱二维码标准体系,加快《集装箱二维码通用技术规范》等国家标准和行业标准的立项、制定工作。选取部分港口码头和铁路场站先行试点实施集装箱二维码标准规范,根据实施的反馈不断修订和完善标准,推动集装箱二维码标准化进程。

2)加强产业上下游间的联动协作

集装箱二维码产业涉及码制研究、集装箱二维码相关标准制定、集装箱二维码生成设备、集装箱二维码识读设备、集装箱二维码解析软件、打印设备等领域。面对集装箱二维码产业链这个巨大的系统工程,需要产业链上下游的参与者共同协作,推动集装箱二维码产业的良性联动,促进产业各领域的优化创新发展。

3)鼓励企业开展集装箱二维码技术研究和应用

政府应制定相关政策,引导各企业加强二维码在集装箱行业内的应用,鼓励社会和企业加大对集装箱二维码技术的研发和应用创新力度,加强二维码抗曲面能力、容错能力、提升识读率等,推进二维码在罐箱等各类集装箱的应用,提高集装箱二维码的产业竞争力,推动行业内大规模应用集装箱二维码。

4)建立集装箱行业服务平台

集装箱二维码技术可实现闲置运能资源的优化配置、智能化跟踪与管理,提高集装箱资源的使用率和周转率,提升多式联运的数字化程度和信息

第9章 对集装箱二维码发展的政策建议

化水平,提升行业整体的运输服务效率。实现基于二维码技术的集装箱应用模式的关键在于数据的分析和处理。因此要实现真正的集装箱设备及信息共享,需要建立功能丰富、高效便捷、安全可靠的集装箱行业共享服务平台。

该平台以加强行业监管力度、提高用户参与度、提供全面可靠的信息服务、优化配置闲置资源、提升集装箱智能化运输水平、发挥共享经济优势为目标,重点完成监管与服务两方面任务。平台管理系统通过大数据分析实现集装箱提箱、返场、装船、海运、抵港、卸船、提货、还箱等整个运输过程中集装箱动态信息追踪的可视化管理,为各环节用户提供准确信息。平台管理系统还可对数据进行分类处理,对行业监管和市场价格调整等方面给出有效建议。

5)加强行业监管,提升二维码应用模式的规范性

集装箱二维码的使用及共享服务的理念需要建立在行业监管基础上。要将政府管理部门的绿色安全交通要求与企业的智慧管理能力相统一作为实现政企携手共治共享服务的有效手段。在集装箱共享应用模式中,政府需要出台管理政策,对共享集装箱加以引导和规范,利用大数据,及时优化运营企业的集装箱生产和投放数量、加强集装箱使用监督、加强设备使用和运输秩序管理。企业之间需要良性竞争,及时调整现有的运营方式,与政府管理部门携手治理和有效规避影响共享集装箱发展的问题。

6)强化共享模式参与者的安全意识

作为一种"互联网+"模式,集装箱共享模式的信息与数据安全性值得关注。各使用者和参与者必须强化管理能力与防范意识。第一,政府部门要加强网络治理,保障企业与用户的切身利益不受损失。第二,共享集装箱运营商要主动维护用户的基本权益,及时修复操作过程中可能存在的缺陷与漏洞,指引用户安全使用。第三,集装箱共享平台的各用户要主动开启安全软件,如果发现金融支付等方面的病毒和安全隐患,要及时反馈给平台及相关监管机构。